Osman Pamukoğlu

•

CEHENNEMDERE KANYONU

Cehennemdere Kanyonu / Osman Pamukoğlu

Yayıncı ve Matbaa Sertifika No: 10614

Editör Ahmet Bozkurt
Yayıma hazırlayan Elçin Çavuş
Kapak tasarım Zühal Üçüncü
Sayfa tasarım Mebruke Bayram

ISBN: 978-975-10-3338-3

13 14 15 16   9 8 7 6 5 4 3 2 1
İstanbul, 2013

Baskı ve Cilt
İnkılâp Kitabevi Yayın Sanayi ve Ticaret AŞ
Çobançeşme Mah. Sanayi Cad. Altay Sk. No. 8
34196 Yenibosna – İstanbul
Tel : (0212) 496 11 11 (Pbx)

::: **İNKILÂP** Kitabevi Yayın Sanayi ve Ticaret AŞ
Çobançeşme Mah. Sanayi Cad. Altay Sk. No. 8
34196 Yenibosna – İstanbul
Tel   : (0212) 496 11 11 (Pbx)
Faks : (0212) 496 11 12
posta@inkilap.com
www.inkilap.com

CEHENNEMDERE KANYONU

YAŞAMLA ÖLÜM ARASINDA 20 ASKER VE 1 YÜZBAŞI

OSMAN PAMUKOĞLU

İNKILÂP

Yazarın Yayımlanmış Diğer Kitapları

Unutulanlar Dışında Yeni Bir Şey Yok, 2004; *Ey Vatan*, 2004; *Kara Tohum*, 2005; *Ayandon*, 2006; *Yolcu*, 2007; *İnsan ve Devlet*, 2007; *Angut*, 2008; *Akıllı Ol!*, 2012; *Siyasetin Sefaleti*, 2013.

osmanpamukoglu@tr.net

Öykü ve Atahan'a...

"Bugün, yarın, dün hiçtir!"

Zorlu, haşin ve kasvetli bir geceydi. Gece yarısına doğru, gizlendikleri mağaradan çıkarak vadi tabanına gelip yerleştiler. Hava zehir gibiydi. Ciğerleri donduran soğuk yüzünden solukları hırıltılı çıkıyordu. Burunlarını korumak için sardıkları atkılar da neredeyse donacaktı. Ayazlı gecenin rüzgârı kemiklerine kadar işliyordu. Her şeyi maskeleyip kirpi gibi büzülmüşlerdi. Bir terslikle karşılaşmamak için, üç kat daha tedbirli olmak zorundaydılar. Komando Er Hasan fısıltıyla, "Allah, çok soğuk!" dedi. Mevzide, hemen yanı başında bulunan Uzman Çavuş Ziya, "Dırıldayıp durma, soğuk zaten canımıza okuyor, köyünü görmeden nalları dikeceksin!" diye azarladı onu.

Hepsi iyi biliyordu; her pusunun temeli ateş açma anının iyi seçilmesine bağlıdır, başarının sırrı ise ses ve hareket disiplinidir. Asker oturup beklememelidir. İçindeki ateş onu düşmana götürmeli ve saldırmalıdır. Eğer oynamazsan, seninle oynarlar.

Kar birkaç gün önce yağmış ama kuytu yerler ve dağların dorukları hariç eriyip gitmişti. Askerler eşi görülmemiş bir kışın geldiğinden habersizdiler. Havalar soğuduğundan, yurtiçinden Irak'taki kamplarına dönmek için sadece geceleri hareket eden bir grubun, pusuya yattıkları vadiden geçeceği istihbaratını alınca burada tertiplenmişlerdi. Yirmi kişiydiler. Müfreze muvazzaf subayları, astsubay ve uzman erbaşlar daha önce defalarca çatışmaya girip çıkmış tecrübeli askerlerdi. Asteğmenler ve erler ise, fiziksel ve ruhsal yetenekleri test edilmiş, gönüllü, seçkin adamlardı.

Gece bitmeden bu vadi yolundan geçecekler! Yaklaştıkları zaman vuracaklar. Gelsinler de günlerini görsünler! Ama ya gelmezlerse!

Siper aldığı kayalığın dibinde vücudunu tortop etmiş oturan Asteğmen Tekin:

"Metin Üsteğmenim, 'Buraları Sevemedim,' diye bir türkü var ya, hep aklıma o geliyor. Aklımdan çıkarmak istiyorum ama yapamıyorum," dedi. Cümlesini bitirir bitirmez de dişlerinin takırtısı duyuldu. Üsteğmen Murat, bir de bu çıktı başımıza der gibi kayıtsız ve soğuk bir şekilde, "O türkü, sevgililer için söylenmiş. Burada konu yurt. Yurdu seveceksin. Yurt var olacaktır. Ocak yoksa biz de yokuz. Sen iyi misin?"

"Savaş sırasında iyi olunur mu hiç."

"Sen aklına muzip şeyler getir. Cephede gülmek iyidir. Korku kaçar, ruh güçlenir."

Saatlerce süren sessizlik işin en korkunç tarafıydı. Ne derin bir sessizlik... Tek tük kar atıştırmaya başlamıştı. Tabanda akan çayın kayalara çarpan cılız sesi geliyordu. Dört saati aşkın bir süredir pusuda beklediklerinden artık gözleri karanlığa tam uyum sağlamıştı.

Uzman Onbaşı Cengiz, "Mustafa Başçavuşum, şimdi bir bardak çay olsa, bütün dünyayı verirdim," dedi.

"Dünya senin mi ki veriyorsun be adam," diye homurdandı başçavuş. Sonra sesinin çok yükseldiğini anlayıp fısıltıyla, "Askerden önce işin bile yokmuş senin, çulsuzun birisin, neyin var ki neyi vereceksin. Bir canın var, onun da buralarda peşine düşmüşler."

"Mustafa Başçavuşum, ister misin bu herifler gelmesin!"

"Bırak gelip gelmemelerini, savaşta birkaç dakika içinde neler olabileceğini bile kimse kestiremez."

"Bu kadar soğukta kurtlar bile gelebilir, değil mi?"

"Buzdan kaya olmaktansa hareket edebilmek için onlara bile razıyım," diyerek zoraki gülümsedi başçavuş.

"Soğuğun en iyi yanı, hiçbir şey hissetmemen. Her şey donuyor. Yaz aylarını, mesela temmuzu düşünmeye çalışıyorum."

Mustafa Başçavuş, daha fazla uzatmanın âlemi yok dercesine, "Eğer gelecek temmuzu görebilirsek," dedi.

Müfrezenin Sağlık Çavuşu Ahmet ile Komando Er Burak siperde yan yanaydılar. Birbirlerinin saat tıkırtılarını bile duyabiliyorlardı.

Burak, "Ahmet Çavuş, sen dini bütün adamsın, adam öldürmek gerçekten büyük bir günah mı?"

"Bütün çareler tükendiyse ve başka yol kalmadıysa, karşı taraf da seni öldürmeyi amaçlıyorsa günah değildir, üstelik eğer ülken için çarpışırken hayatını kaybedersen, en yüksek mertebeye, yani şehitliğe yükselirsin."

Ahmet Çavuş tam sözünü bitirmek üzereyken gece yırtıcılarından birinin, "Huu oo huu," diye haykıran tiz sesi vadide akisler yaptı. Tüm mevzidekilerin fısıltıları kesildi, hatta soluk almaları bile... İnsan mı yoksa hayvan mıydı bu sesin sahibi? Şüpheyle geçen saniyeler sanki yıl gibiydi. Sesin tekrarı olmadı ama herkes kendiliğinden parmaklarını silahlarının tetiklerine dayamıştı.

Müfreze Komutanı Yüzbaşı Tayfun'un yanında bulunan Teğmen Aykut, "Bu neydi komutanım?" diye sordu.

"Bu, buradaki baykuş türlerinden biri. Muhtemelen kulaklı, puhu veya peçelilerden biridir."

"Buralarda ne geziyorlar ki?"

Yüzbaşı gülümsedi: "Kuşlara en olmadık zamanlarda en olmayacak yerlerde rastlayabilirsiniz."

"Ama hiç kanat sesi duymadık!"

"Gece hareket edip avlanabilmek, sessiz olmaya ve çok iyi görmeye bağlıdır. Gece sessizliğin simgesidir. Avcılara av olanların bir kısmı gece hareketlidir. Avlanabilmek için sessizlik gerekir. Baykuşlar da oldukça az ses çıkararak uçarlar. Onların kıvrak ve estetik uçma ihtiyaçları da yoktur. Geceleri olabildiğince hareketsiz kalıp belli bir yerden çevreyi gözetlerler. Başlarını 180 dereceden fazla döndürebilirler. Böylece gövdelerini hiç hareket ettirmeden bütün çevrelerini gözetleyebilirler."

"Bunlar için uğursuz derler komutanım."

"Hurafe işte, saçma ve aptalca... Baykuşlardan korkmaya ve çekinmeye gerek yok. Doğal hayatta her şey düzenli ve uyumludur. İnsanlar uğursuzluk arıyorlarsa kendi yaşam alanlarına, kendi türlerine baksınlar."

Aykut Teğmen, müfreze komutanı hakkında önceden çok şey duymuştu ama duyulan bir sese, bu derece bir değerlendirme yapmasını hiç beklemiyordu. Yüzbaşının doğa bilgisi onu şaşırtmaya yetmişti. *Şimdi sırası değil,* diye düşünerek başka bir soru sormaya cesaret edemedi.

"Afat" isimli müfrezenin "Balabanlar" kolunun komutanı Teğmen Aykut'tu, Üsteğmen Metin ise "Buzkıranlar" kolunun komutanıydı. Her kolda onar savaşçı vardı.

Alacakaranlığa iki saatten daha az bir zaman kalmasına rağmen hareketli hedef hâlâ ortada görünmüyordu. Nefesini sıcak tutmak için komando atkısını çenesi hizasına kaldıran yüzbaşı, "İhtiyatlı bir savaşçı, düşmanı hiçbir zaman küçük görmez. Savaşın en açık sözcüğü 'Öl!' değil, 'Öldür!'dür. Savaşta piştikçe kalbim böyle şeylere pek sızlamıyor artık. Düşmanı korkutmak zorundayız. Kendine aşırı güven de insanı küstah yapar. Savaşta insanlara acıyın ve koruyun. Savaş en üstün okuldur. Ölmeye acele etmeyin, savaşı öğrenin. Savaş, kalemler ve haritalar değil insanlardır. Savaşta hem kendinizden hem de düşmandan çok şey öğrenirsiniz. Tüm savaş psikolojiktir ve zafer ödediğin bedeldir. Ordu da saraydan yönetilmez. Savaş aklın akıldışılıkla rastlaşmasıdır. Asaletin gerektirdiği birtakım görevler vardır ve bizler onları yerine getirmek zorundayız."

Teğmen Aykut, can kulağı ile anlatılanları dinliyordu, devamı gelecek sandı ama öyle olmadı. Yüzbaşı, "Aykut, sen git, adamlarını tek tek kontrol et. Söyle, aynı şeyi Üsteğmen Metin de yapsın. Bu zehir gibi soğuk, insanı olduğu yerde işe yaramaz hale getirebilir. Hesabıma göre hedef bir saat içinde bulunduğumuz yere ulaşır veya bu gece avucumuzu yalarız," dedi. Teğmen yay gibi yükseldi ve sağdaki ilk kayanın arkasında kayboldu.

Hadi artık, gelsinler, gelsinler, gelsinler. Gelin bakalım, büyüğünüz, küçüğünüz gelin balıklar! Bu duygu, hepsinin ortak ruhunu yansıtıyordu. Rüzgâr hafif de olsa kayalıkların gerisindeki siperlerde uluyor; bulutlar, bir görünüp bir kaybolan ayın üzerinden acele acele geçiyor, kara gölgeler durmaksızın yer değiştiriyordu. Mevzidekiler, birbirlerine sokulmuş, sabırlarının son kertesinde bekliyorlardı.

Bir mucizenin gerçekleşmesi gibi, hiç olmayacakmış gibi duran şey oldu! Mevzilerin solunda bulunan kayalık yarın önünde karartılar görünmeye başladı. Bir, iki, üç, dört, beş, altı, yedi, sekiz... Sıra sıra yürüyorlardı. On altıncı adam geçtiğinde arkası gelmedi. Herhalde hepsi bu kadardı. Kerpetenin açık ağzından kapanacak kavisine doğru yürümeye devam ediyorlardı. Hallerinden, kendilerinden emin oldukları anlaşılıyordu. İlerlerken aralarındaki dört beş metrelik mesafeyi sanki kalıba sokmuşlar gibi muhafaza ediyorlardı.

Birden, iki komando havanından fırlayan aydınlatma mermileri, dar vadinin karşı kayalıklarını aydınlattı. Tam görülmese bile vadi yolunda ilerlemeye çalışanların şaşkınlıktan dışarı fırlayacakmış gibi olan gözlerini bütün müfreze hissetti. Aynı anda gökte keskin bir ıslık ve aslan kükremesine benzeyen bir ses duyuldu: "Vurun!" Müfrezenin silahlarından çıkan mermilerin sesi, sanki bir tenekeye binlerce çekiç vuruluyormuş gibi vadinin iki yanını çınlatırken vadi tabanı feryatlar ve bağrış çağrışlarla inlemeye başladı. Ara ara küfür ve hakaretler de meydanı doldurdu. Tüfeklerle birlikte çalışmaya başlayan makinelilerin takırtıları, roketatarlar ve komando havanlarının tükürür gibi üst üste atışları sessizliği yırtarken izli mermilerin göz kamaştıran fırlamaları dere yatağını takip eden yolu gündüze çevirdi. Kayalıklar bile sarsılıyordu sanki, toprak zemin sallandı, buz tutmuş çalılar titredi. Tüfekler yağmur gibi çiselemedi, adeta ortalığı biçti geçti. "Sarıldık", "fare gibi gebereceğiz", "ölümü özlemişler", "hapı yuttular", "kafalarını kırın" diye yükselen haykırışları yakası açılmamış küfürler izledi. Her şey on dakikada bitti. Müfrezeden hiç kimsenin burnu bile kanamamıştı. Kayalıklardan aşağıdaki vadi yoluna keçi gibi seke seke indiler. Vadi tabanında bir mağaraya girip ateş yakarak iyice ısındıktan sonra, ateşi söndürdüler ve gün ışımadan başka bir vadinin içinde gözden kayboldular...

Dağlarda, gün geceye döndü mü ortalığa birden bir sessizlik çöker. Diller birden susar, yüzler soluklaşır. Bu durum hiç kimse tarafından, hiçbir sahne yaratılmadan, sessizce kendi kendine olur. Canlı cansız her şey korkunç bir sessizliğin içine gömülür. Özellikle loş gecelerde, bu yüksek dağlarda, bu karaltı zemininde, insan sanki yalnız değildir. Sanki bulunduğunuz yere birtakım ruhlar sızmaktadır. Bu ruhlar sessiz kanatlarını dalgalandırarak havada uçuşmaktadır. İnsan bu kanat dalgalanmalarının sessiz çırpınışını, ölü rüzgârını, başının üzerinde, hatta yüzünde hisseder. Evet, ölü rüzgârlar, ölü ruhlar... Ama hayata doymamış, buruk ve şikâyetçi ruhlar... Şahlanmış dağlar ve asi iklim ruhu bambaşka bir yaşama sürükler.

Öğlene doğru daha da yoğun bir şekilde kar yağmaya başlamıştı. Bilinen kar tanesi gibi değillerdi, mübarek her biri el kadardı. Sığınak olarak kullandıkları kayalık dehlizin uzunluğu yaklaşık otuz metreydi. Dumansız ateşi, sönmesine meydan vermeden sürekli yakmanın teknik yollarını çok iyi biliyorlardı. Dehlizin ileri bölümlerinde de gündüz olmasına rağmen beş altı mum yanıyordu. Tavanı çok da yüksek olmayan bu sığınak, yanan ateş, mumlar ve nefeslerden buğulanmıştı. Muharebe ve yaşam paylarından kalanlar henüz kritik bir ölçüye düşmemişti. Silahlarda da herhangi bir sorun yoktu, herkes sağlamdı. Sığınağın dışında müfrezeden iki nöbetçi vardı ve her saat başı nöbet değiştiriyorlardı. Nöbeti bitirip dönen askerler "kar çocuğu" gibi görünüyorlardı.

Müfreze Komutanı Yüzbaşı Tayfun, "Beyler," diye başladı söze, "kar yağışı kesilirse, bu gece güneye doğru yer değiştireceğiz. Çoğu savaş klasiktir. Bizimkisi aykırı savaş olacak. Karşı tarafı, uçsuz bucaksız bu coğrafyada dağların sessiz tehdidiyle baş başa bırakacağız. Akıllarını karıştırıp psikolojilerini bozacağız; şekilsizlik yaratacak, kızdıracak ve yönlerini şaşırtacağız. Hassas noktaları tekrar tekrar vuracağız. Tutulamayan kaygan bir misket olacağız. Su gibi sabit bir şeklimiz olmayacak. Ordu da rakibe göre değişmeli ve uyum sağlamalıdır. Dağılacak ve soyut bir durum yaratacağız. Alandaki şekilsizlik, fiziksel güçleri kadar zihinsel güçlerinin de dağılmasını sağlayacaktır. Karşılaşınca güçlü ve şiddetli bir darbe indireceğiz. Savaş irade ile kazanılır, iradelerini kırıp bu karaçalıyı söküp atmalıyız.

İnsanlar da kuşlar gibidir, hep beraber hareket edip hep beraber dururlar, yuvada ne duyarlarsa havada da onu söylerler. Müfreze olarak biz de onlar gibi olmalıyız."

Er ve erbaşlar dışındaki rütbeliler cep defterlerini çıkarmış, küçük notlar alıyorlardı.

"Zor ve tehlikeli bir dönemeçteyiz. Toprak ve kar yığınları arasında uyuduğumuz, karın hepimizi gafil avladığı zamanlar da oldu. Birçok arkadaşımız, kardeşimiz, ağaçtan düşen bir yaprak gibi sessizce şehit olup bu dünyadan ayrıldı. Görevlerimiz zor, hedeflerimiz ise gizemli... Bu yüzden çok dikkatli ve uyanık olacağız. Özveri ve mertlik

18

olmadan hiçbir başarı elde edilemez. Bilginin insanı asker yapacağına inanmak aymazlıktır. Askerlik sanatı savaşta öğrenilir. Çelik bir beden ve çelik sinirler olmadan başarı olmaz. Muharebeleri kazandıracak olan bacaklardır. Onlar sağlamsa karanlık derin çukurlar, vadiler, zifiri geceler vız gelir. Karşınıza çıkacak olan ilk yükseltiye çıkın ve avazınız çıktığı kadar bağırın: 'Beni öldürecek kurşun daha dökülmemiştir!' Ve bunu ara ara yapın. Ruhunuz çelikleşecek ve güçlenecektir, dileğiniz kabul edilecektir. Çoğunuz, muharebelere ve sürpriz durumlara alışıksınız ama hiçbir çatışma silahların sesinden başka benzerlik taşımaz. Bunu bilmeli ve hazır olmalısınız. Bizim ana vazifemiz, kış koşullarında bölge taraması yapmak, hedefleri bulmak ve yok etmektir. Bize hayalet müfreze de diyebilirsiniz. Bizim için bugün, yarın, dün hiçtir! Biz anı biliriz. 'Senin dünyaya gelip gitmen neye yarar?' sözüne karşı, işe yaradığımızı, faydalı insanlar olduğumuzu kanıtlayacağız. 'Tarih 50 yıl sonra yazılacak,' lafı kaçmaktır, korkmaktır. Tarih her gün yazılır, şimdi de burada, bu anda yazılıyor.

Hiçbir zaman, hiçbir işte endişelenmeyin. Endişelenmek de korkmak kadar kötüdür, işleri karıştırmaktan başka bir işe yaramaz. Yorgunluk ve yılgınlığın gölgesini bile aklınızdan geçirmeyin."

Asteğmen Tekin psikoloji ve felsefe eğitimi almış biriydi. Müfreze komutanının söylediklerinin aslında bir emir olduğunu biliyor ve bazen söylediklerini defterine yazıyordu. İçinden, *bir asker olarak sıradan biri değil, önceden belirlenmiş kurallarla davranan ve yaşayan insanlardan da değil, yüzbaşımın en önemli kişisel dürtüsü gururu*, diye geçirdi. Yüzbaşı konuşmasına devam ediyordu:

"Savaş daima, tarafların birbirini yok etmeye çalıştığı bir mücadeledir. Taraflar sadece güçlerine değil, her türlü hileye başvurur. Karşı tarafın ateş gücünün daha düşük olması onun, savaştığı ordudan sayıca daha az olduğu anlamına gelmez. Yöre halkının desteği olmadan da olmaz. Bu olmazsa olmaz koşuldur. Örgüt ilk yıllarda olmayan bu desteği, eylemlerini yoğunlaştırıp kendilerine moral veren sonuçlar elde edince kazanmıştır.

Savaşla ilgili romantik ve sportmen kavramların tümü palavradır. Savaş tüfekli, trampetli bir bayram değildir; onun manzarası kandır, ölümdür. Savaşın acı gerçeği, şiirsel hayalleri ezer."

Yüzbaşının önünde yere yapıştırılmış fiziki bir harita vardı ama dağlar, kanyonlar, nehir ve dereler, mezra ve köyler isimsizdi. Yalnızca, tepeler isimlendirilmiş ve her yüksekliğe bir numara verilmişti. Yüzbaşı haritanın üzerinde duran keçeli kalemi aldı ve dağların arasında bulunan derenin bir kenarına sabit bir şekilde tuttu. Burası muhtemelen bulundukları mevkiydi ama üzerine işaret koymadı. Sığınağın ağzından görünen aydınlık artık azalmıştı. Sona yaklaşan akşamın ışıkları gittikçe kırılıyordu. Yola çıkmak için belli bir hazırlık da gerekiyordu. "Bana soracağınız bir şey var mı?" dedi. Ne soracaklardı ki? Her şey net, kısa ve yalındı. Üstçavuş Ömer'in biraz kıpırdadığını hisseden yüzbaşı, "Ömer, senin bir sorun var galiba," dedi.

"Komutanım belki tuhaf gelebilir ama ben bir şeyi anlamakta zorlanıyorum, daha doğrusu ne olduğu konusunda hep ikilemde kalıyorum."

"Nedir o?"

"Bu örgüt yazılı sözlü her şeyinde bize 'düşman' diyor.

Hepsi aynı sözü kullanıyor. Başlarındakiler de, tek tek militanları da ısrarla konuşuyorlar. Biz ise onlara terörist diyoruz. Düşman mı demeli, terörist mi demeli, nedir bunun doğrusu?"

Müfreze komutanı bu soruyu hiç yadırgamadı ve şöyle cevapladı: "Bunların derdi, Türkiye'den toprak koparmak bu bir. Türkiye'ye düşmanca ve hasmane davranan devletlerden siyasi ve lojistik destek alıyorlar bu iki. Örgütsel yapıları, silah sistemleri ve geniş çaplı eylemlerine bakıldığında bunu sıradan, münferit terör işleri gibi göstermek halkın ne olup bittiğini anlamasını da zorlaştırıyor, bu üç. Artık, yazılı ve görsel basın, hatta siyasetçiler bile "savaş ve barış" laflarını aleni, uluorta yazıp konuşuyorlar, bu dört. Türkiye Cumhuriyeti devletinin ceza kanunlarında yer alan madde ise çok açık, 'Dağdaki silahlı eşkıya düşman sayılır ve düşman gibi bir işleme tabi tutulur,' kimse olup biteni kibarlaştırarak, küçülterek hiçbir yere gidemez. Sonuç da ortada. Düşman lafı az kalır. Bunlar halk düşmanı, öldürülen kadınlar, çocuklar, yaşlılar hangi ülkenin insanları? Herkes bilgi, algılama ve kavrama yeteneğine göre bunlara layık oldukları ismi, unvanı ve sıfatı kullanmakta serbesttir. Bence onlara sorarsan bize savaş ilan ettiler de biz terör diye avunuyoruz."

Sonra, "Acı çekenin halinden ötekiler pek bir şey anlamıyor," diye devam etti, "yiğitlik elbette hayatın en son amacı değil ama amaçların en büyüğüdür. Amaçlar insanın dünyasıdır. 'Niçin? Ne diye? Neden dolayı?' diye soranlar, kahramanlıktan bir şey anlamazlar." Ayağa kalktı, sığınağın çıkışına gelince durup dışarıdaki beyaz ve gri coğrafyaya bakarak, "Akşam dünyayı daha güzel yapıyor. Dağlarda savaşırken değil tabii," dedi.

3

Bu dağlarda olup bitenler, aslında hiçbir harekât şekline uymaz. Zaten askerin vazifesi çete, komitacı ve eşkıya takip etmek de değildir ama bölgede her yer tehdit altındaydı. Her takip, her çarpışma, başlı başına bir hikâyedir, bir roman veya bir film konusudur. Dağlarda, ormanlarda her an, her kayanın arkasından bir silah patlayabilir. Her çalının kıpırdanışı şüphelidir. Ölüm ise bu dağlarda kol gezer. Bin şüphe, bin pusu, bin kuşku ve bin türlü çatışma... Meydan boş bırakılmamalıydı. Aksi halde, halk kendini yalnız hisseder ve korkardı. Bununla da kalmaz istemese bile karşı tarafa geçer ve onları desteklerdi. Mevcut hükümetler bugüne kadar sorumlu oldukları gerçeklerle karşılaşmaktan adeta korkmuşlardı. Tehlikeyi görmek istemeyen bu insanlar, onu bertaraf etme çareleri düşüneceğine, gözlerini kapatarak hep kendilerini aldatmaya çalışmışlardı.

Müfrezenin tamamı kişisel hazırlıklarını bitirmiş, hareket emrini bekliyordu. Ciddi, anlayışlı ve büyük olaylara karışmış, büyük işlerin içinden geçmiş yüz ifadeleri vardı. Ağır, düşünceli ve durgun ifadeler... Fakat yalnızlık, birlikteyken bile onları bırakmıyordu. O gün kendilerinde, Allah'ın bir lütfu olarak, sonsuz bir korkusuzluk, cesaret ve cüret hissediyorlardı. Ölümü zaten daha en baştan göze almışlardı.

Hiçbir an ondan ürkmenin ve kaçmanın bir anlamı yoktu. *İyi ama işin sonu ne olacak? Ve bütün bunlar nereye kadar?* diye düşünmeden de edemiyorlardı. Bin bir türlü dram, başı ve sonu bilinmeden sürüp gidiyordu. Denilebilir ki olup biten her şey insanüstü bir cesaretin misalleridir. Bunlara atılmak, göğüs germek için insanüstü erdemler gerekir. Öncelikle de, gençlik ve macera aşkına varan yiğitlik.

Buzkıran kolu komutanı Üsteğmen Metin, kendi askerlerine ağır muharebe yükünün belini büktüğünü fark ettirmemek için azami ölçüde dik durarak, "Yol göründü kalkın, dağ, tepe, dere aşın; meydan sizi bekliyor," dedi. Balaban kolu da hazırdı. Kar bazen dinse de yağmaya devam ediyordu. Kar kalınlığı kuytu yerler hariç henüz 20-25 santimetreyi geçmemişti. Beyaz örtü sayesinde görüş mesafesi açıktı. Müfreze komutanı yüzbaşı, epey zamandır sığınağın çıkışında put gibi duruyordu. Sonra dağları ve kalbini göstererek yürüdü. Herkes onu izledi.

Cilo ve Sat dağları, yüzlerce zirve ve tepesiyle bölgenin göbeğine oturmuş haldedir. Batıda Zap Suyu, doğuda Oramar Çayı, kuzeyde ise Nehil Çayı arasında kalan bölgede; 60 kilometre uzunluğu, 40 kilometre genişliği ve 4136 metrelik Uludoruk zirvesiyle, doğu batı yönünde uzanan Cilo Dağları yer almaktadır. Cilo'nun bir bölümü olan Buzul Dağı'nın Erinç Tepesi ise 4116 metredir. Cilo Dağları üzerinde; Beyazsu Vadisi yoluyla Beyazsu-Mergen Yaylası'na, Deri Kün Geçidi'yle Doğu Uludoruk Vadisi'ne, Deri Cafer Geçidi'yle Orişa yurduna ve Gelyano Buzul Gölü'ne, Deri Kervan Geçidi yoluyla Serpil Yaylası'na geçilir. Sat, Cilo'dan daha alçaktır. Sat Dağları'na Cilo'dan geçiş Serpil Yaylası'ndan Yeşilöz Vadisi'ne inilerek Yeşiltaş köyü üzerinden yapılır. Yeşiltaş'tan sonra Deki Yaylası üzerinden Satbaşı (3000 metre) Yaylası'na çıkılır. Yolun devamından Sat Gevaruk (2850 metre) Yaylası'na geçilir. Daha sonra, Bay Gölü'ne ulaşılır. Bay Gölü'nde (2870 metre) dört mevsim bir arada yaşanır. Yaylalarda "zoma" adı verilen yerleşimler vardır. Aralık ve mart ayları arasında bölgede ısı ortalama -10 °C'dir. Kar kalınlığı 134 ila 206 santimetredir. Karla örtülü günler 23 ile 28 gün arasındadır. Güneşli ve yarı güneşli günler birkaç günü geçmez. Buz, kar ve buzullardan beslenen tüm akarsular, sürekli yüksek tempoda akar. Köyler vadi tabanlarındadır. Yükler katırla taşınır. Bir zamanlar pars türü bir hayvanın Cilo'nun güney yüzeyindeki sarp bölgelerde yaşadığını ve köylüler tarafından görüldüğünü söylerler. Bölgede kurtlarla ve mağaralarda yaşayan zararsız ayı aileleriyle yüz yüze gelmek her zaman mümkündür. Bu dağlar yol kesen, haraç alan dağlardır. Bir şairin dediği gibi:

Kurtların payı var gelip geçende.
Ki alırlar vermek istemesen de!

Müfreze komutanı, Sat Dağları'nın batısına doğru, gece ve kış şartlarında 20 kilometre yürümeyi planlamıştı. Kar tipiye döner veya fırtına ile karşılaşırlarsa korunaklı bir yere geçeceklerdi. Tersi olur, hava ısınırsa 20 kilometrelik yürüyüş 25-30 kilometreye çıkabilirdi. Kollar birbirinin ardından gidiyordu, iki kol arasında 30 metre mesafe bırakılmıştı. Askerler arasında ise beşer metre mesafe vardı. Kar iki gündür, bir yağıp bir dindiğinden müfrezenin önünde giden iki iz açıcı, ayı pençelerini ayaklarına takmamışlardı. Takip ettikleri keçi yolundaki kar kalınlığı, henüz bot boyunu aşacak seviyede değildi. Bazıları kar gözlüklerini takmış, bazıları ise nefes kontrolü için sakızlarını çiğnemeye başlamışlardı.

İki saatlik yürüyüşün sonunda kan ter içinde kaldılar ve mola verdiler. Arazi bembeyaz, yer yer isli griydi. Gökyüzü alaca bulaca, bulutlar renksizdi. Renksiz bulutlar kuzeyden güneye arkalarından biri kovalıyormuş gibi koştururken ay, aralarındaki boşluklarda bir görünüp bir kayboluyordu. Nazlı nazlı yağan kar durmuştu. Yüksek bir kaya bloğunun kendi içinde kavis yaptığı girintide duruyorlardı. Bir midye kabuğunun içine çekilir gibi sırt sırta verip avcı çadırlarını ve naylonlarını üzerlerine çektiler. Soğuktan buz tutan ellerini soluğu ile ısıtanlar, kamuflajla sigara içenler, görünmez ateşle mum yakıp çadırın içinde bir nebze olsun ısınanlar oldu. Bu halleriyle kayalıkların içinde bir yığın topraktan farksızdılar. Toprak, üniforma ve 21 parça hayat...

Ay, veda eder gibi bir müddet havayı aydınlattı, sonra da dağların ardında kayboldu. Dağ taş zifiri karanlık oldu. Balabanlar kolundan Komando Er Hasan ile Komando Er Burak birlikte aynı avcı çadırında dinleniyordu. Isınan bedeni iyice gevşeyen Hasan devamlı bir şeyler mırıldanıyordu. Burak dayanamayıp, "Oğlum, sen fısır fısır ne sayıklıyorsun?" diye sordu.

"Bir şiir yazdım. İlk fırsatta eve göndereceğim."

"Bak, palavra atıyorsan senin pestilini çıkarırım."

Hasan ıstırap dolu bir bakış, utangaç ve saygılı bir tavırla, "Dinleyeceksen, okuyayım!" dedi.

"Oku bakalım, belki ısınırım!"

"Mezarımın toprağı kuruyunca
Beni unutma ana,

Yabani otlar bürür üstümde,
Onlar kederinden gür olsun baba.
Can yakarsın sen kurşun,
Üstünde ölüm yazıyor.
Kara toprak,
Sen örtüyorsun üstümü.
Ey soğuk ölüm,
Gövdemi toprak alacak,
Ruhumu gökler..."

Şiiri dinleyen Burak uzun süre sustu, boğazına bir şeyler düğümlendi. Zorla gülümsemeye çalışarak, "Hay Allahım ya! Nereden çıkarıyorsun bunları be adam. Sırası mıydı şimdi! Biz kuyruğu erkenden buralarda titretmeyeceğiz. Bu kesin. Kafana da sok. Senin böyle ölümle dirimle zihnini meşgul ettiğini komutan duymasın. Ne diyor adam, 'Kafanızda endişe, şüphe, kaygı sokmayın!' Peki bunun yazılısı var mı?"

"Var, defterimde."

"Ne diyeyim birader. Çıkar oğlum böyle düşünceleri kafandan. Sakın bir başkasına da okuma. Zinhar, eve de gönderip oradakileri hüzün ve acıya boğma."

Askerler birbirleri hakkında fazla bir şey bilmek istemezler. Arkadaştırlar bu da onlara yeter.

Gece yarısını geçeli çok olmuştu. Buz ve rüzgâr tutmayan bir yer bulana kadar üç kez daha mola verdiler. Günün ağarmasına birkaç saat vardı. Ondan önce bir sığınak bulup gözden kaybolmaları gerekiyordu. Burası bir mağara, oyuk bir kayanın altı, bir dere yatağının içi olabilirdi. Doğa... İlk hasım oydu. Soğuk, düşmanların en tehlikelisiydi. Tipi, fırtına, yön kaybettirebilir ve boğabilir. Rüzgâr, karın ıslaklığını buza çevirebilir. Derin karda birkaç saatte 150-200 metre bile yürünemeyebilir.

Şu ana kadar tipi ve fırtınayla karşılaşmamışlar, görüş mesafelerini hiç kaybetmemişlerdi. El ve ayak parmakları kaçınılmaz olarak üşümüş ama donma emaresi tespit edilmemişti. Sık mola ile bedenleri yumuşatmak, sürekli hareket halinde olmak, donma tehlikesini azaltıyordu. Harekât üssünden alana çıkmadan önce Müfreze Komutanı Yüzbaşı Tayfun, donmanın ne şekilde farkına varılacağı konusunda da eğitim vermiş ve uyarılarda bulunmuştu:

"Donma ayaklar ve ellerden, özellikle de ayakuçlarından başlar. Parmak uçları üşür, titrer ve karıncalanır. Buralardan başlayan titreme giderek şiddetlenir ve yayılır. Ayak ve bacaklara, el ve kollara ulaşır. Eklemlere, kemiklere, iliklere kadar inerek vücudun tümüne yayılır. Beden soğur ağırlaşır ve kaskatı kesilir. Sakın ha sakın, donma emareleri gösteren el ve ayağı birdenbire ateş veya bir ısıtıcıya tutmayın, yaklaştırmayın. Sıcak suya da asla sokmayın. Karla ovun. Geç kalınıp donmanın bütün bedeni sarması halinde, insan bir rahatlık ve huzur veren bir gevşeklik hissetmeye başlar. Donmada en son hal budur. Eğer biri durumu fark edemezse sonrasında yapacak bir şey kalmaz."

Şimdi, doğu batı istikametinde uzanan, güney yanı kayalıklara dayalı bir patikada yürümekteydiler. Bir müddet sonra arazi yay gibi geniş bir alana açıldı. Aksine, büyük kaya kütlelerine ihtiyaçları vardı. Çünkü mağara, in, sığınak gibi yerler ve kuytular bu tip yapıların içinde veya arasındaydı. O zaman yürüyüşe devam etmekten başka yapacak bir şey yoktu. Çok geçmedi, müfrezedekilerin burnuna odun ateşi olduğu hissini uyandıran bir koku geldi. Açık havada dağ ayazındaki bu kokuyu neredeyse hepsi fark etti. Yüzbaşı Tayfun'un ne yapacağını anlamak için her iki kol komutanı da gözlerini ona çevirmişlerdi. Görüş mesafesi açık olduğundan ve kolların aralığı fazla olmadığından en öndeki durup geriye baktığında en sondakini, en sondaki de en baştakini görebiliyordu. Müfreze komutanının sağ koluyla verdiği işaretle herkes olduğu yere çöktü. Vücutları sırılsıklamdı, hepsinin ağzından çıkan sıcak nefes, soğukla temas edince şimdi daha iyi fark edilen buharlar haline gelmişti. Yürüyüş düzeninde bu kez Balaban kolu önde olduğundan, Buzkıran kolunun önünde bulunan yüzbaşı, üsteğmene "beni takip et" işareti vererek baş tarafa doğru yürümeye başladı. Üçü birden çömelmişti, müfreze komutanı, Üsteğmen Metin ile Teğmen Aykut'u karşısına alarak konuşmaya başladı: "Bulunduğumuz mevki itibariyle, bu koku normal değil. Biri veya birilerinin hemen yakınımızda odun ateşi yaktığı kesin. Bu civarda köy ve mezra olmadığını biliyorum. Yayla evleri olsa bile, bu mevsimde kimse onların içinde olamaz. Üstelik koku güneyden geliyor. Solumuzdaki yamaç, ilersini görmemize mani olduğundan ateşin yakıldığı yeri bilemiyoruz. Kim ve neci olduklarını ortaya çıkarmadan önce ateş yakılan yerin neresi ve ne durumda olduğunu keşfetmemiz şart," dedi.

Teğmen Aykut'a dönerek, "Aykut, senin timden yanına iki kişi al. Yürüdüğümüz istikametten 200 metre kadar daha ilerledikten sonra sola dönün ve oradaki yamacın üstüne çıkın. Yamaçtan ve daha sonraki yerlerden bazı şeyler görülebilir diye tahmin ediyorum. Ne görürseniz görün sakın çok fazla ileriye gitmeyin. Noktayı tespit edin ve tarifini yapabilecek arazi bilgisine ulaşınca hızla buraya gelin," dedi. Teğmen, "Baş üstüne," dedi. Kısa bir süre sonra da, Başçavuş Mustafa ile keskin nişancı Uzman Çavuş Ziya ile birlikte ayrıldılar. Giderken ağırlıktan kurtulmak için sırt çantalarını bulundukları yere bıraktılar.

Üsteğmen Metin, "Kaçakçı olabilir mi komutanım?" diye sordu.

Ufka bakıp gidenlerin ardından bakan Yüzbaşı Tayfun, "Her şey olabilir. Tabii, kaçakçılar hesap kitap adamlarıdır. Yerleşim noktaları arasındaki mesafeleri, ne kadar zamanda alacaklarını bilerek hareket ederler ve mutlaka oraya varırlar. Biz yol alabiliyorsak onlar hayli hayli yol alırlar, niye gece konaklamaya geçsinler ki! Ayrıca yerleşim olmayan bu patika güzergâhını niye seçsinler? Ama gene de mümkündür. Hayatta hiçbir şey için olmaz demeyeceksin. Olmaz demek haddini bilmemektir!" diye cevap verdi.

Üsteğmen, "Köylü değilse, kaçakçı değilse ayılarla kurtlar da ateş yakmasını bilmediklerine göre, geriye kimler kalıyor komutanım?"

Yüzbaşı güldü. "Senin düşündüklerin!"

Müfrezede herkes bulunduğu yerde çökmüş, bazıları ise altlarına çadırlarını atıp üzerine oturmuş bekliyordu. Görüntüleri uzaktan, karın üzerine aralıklarla yerleştirilmiş sıralı taşları andırıyordu. Zaman geçtikçe terleri soğuyor, hareket etmediklerinden botlarının içindeki ayaklarının varlığını daha fazla hissediyorlardı.

Keşfe gidenler yanlarından ayrılalı neredeyse bir saate yakın olmuştu. Yüzbaşı onları zaten daha önce beklemiyordu ama gayriihtiyari, birkaç kez saatine bakmaktan da kendini alamadı. Nihayet gittikleri yönden üç karaltı göründü. Teğmen

Aykut, Başçavuş Mustafa ve keskin nişancı Uzman Çavuş Ziya, müfreze komutanının karşısına gelip çömeldiler. Soluk soluğaydılar. Çok seçilemese de yüzlerinin pancardan farksız olduğunu anlamak zor değildi. Teğmen, hemen raporunu vermeğe başladı, "Şu anda bulunduğumuz yerden başlayan yamaçtan 300 ila 350 metre ileride bir koyun ağılı ve ağılın doğu yönünde, çitlerle çevrili tek katlı bir ev var. Salaş bir yapı. Muhtemelen briket veya tuğladan yapılmış. Uzaktan çatısında bir baca olduğu anlaşılıyor. Evin kuzey istikametinde yani bize doğru olan cephesinde bir kapı ve bir pencere var. Gece görüşünü yakına aldığımda, kapının tek parçalı, pencerenin de bir bölümünün camsız olduğunu ve kartonla kapatıldığını gördüm. Binanın arka tarafında pencere olup olmadığını bilmiyoruz. Çok zaman kaybederiz diye gitmedik, dolayısıyla öğrenemedik. Çitlerin bir bölümü, muhtemelen karların altında kalıp yıkıldığı için fark edilmiyor. İlerleyebildiğimiz noktada, sönmüş ateş ve kömür kokusu daha da yoğun hissediliyor. Kapı önünü ve civarını dürbünle ısrarla gözetledim. Hiçbir ayak izine rastlayamadım. Bunu da normal olarak değerlendiriyorum. Çünkü gece yarısından önce buraya yağan kar, izleri yok etmiştir. Bacadan çok hafif belirli belirsiz bir duman çıkıyor. Ve çok uzak da olsa etrafı, nöbetçi olabilecek her noktayı defaatle gece görüşüyle taradım, hiçbir şey tespit edemedim. Benim arz edebileceklerim bunlar komutanım."

Yüzbaşı, sanki bildiği bir şeyi dinliyormuş gibi, ne şaşırdı ne de düşündüğünü belli etti. Sadece, "Üçünüze de teşekkür ederim," dedi. Sonra, teğmenin sağında duran Başçavuş Mustafa'ya döndü.

"Ne dersin Mustafa? İçeride insan veya insanlar olduğu kesin. Diyelim, terörist bir grup var. Nöbetçi niye yok?"

33

"Dağlarda bu mevsimde, buralara kimsenin uğramayacağını düşündükleri için komutanım. Kendilerini çok güvende hissediyorlar, haksız da sayılmazlar hani, bizim gibi şeytan adamların, vahşi dağlarda yaban gibi dolaşarak onları aradığını nereden bilsinler? İnşallah, içerdekiler teröristtir."

Müfreze komutanı, Başçavuş Mustafa ve Uzman Çavuş Ziya'ya, "Siz gidebilirsiniz arkadaşlar," diyerek onları kolda bulunanların yanına gönderdi.

Karşısında duran üsteğmen ve teğmene talimat vermeden önce saatine bir göz attı. Ve sonra, "Bu mevsimde, bu yükseklikteki bir evde ne bir köylü, ne bir kaçakçı, ne de bir çoban veya sıradan bir kanun kaçağının olması milyonda bir ihtimaldir. Havanın aydınlanmasına iki saat kadar bir süre kaldı. Kuşatmayı karanlıkta bitirip günün ağarmasını bekleyeceğiz. Şayet içerdekiler teröristse bazıları karanlıktan istifade ile kaçma imkânı bulabilir. Kulübe kapı ve penceresi dışında da, bilemediğimiz çıkış ve kaçış yolları olabilir. Kulübenin diğer cephesini de görmediğimizden pek bir şey söyleyemeyiz. Ama başka bir kapı olduğunu sanmıyorum, bu tip binalarda, belki bir pencere de arka tarafta olabilir. Uzun zamandır buradalarsa tahliye için binanın içinden duvarların ötesine çıkan tüneller kazmış da olabilirler. Bütün bunlar hücumu karanlıkta değil, gündüz gözüyle yapmamızı gerektiriyor. Binanın dışına çıkmadan ateş edebilecekleri kapı ve pencere dışında bir olanakları yok. Aykut, senin kol, binayı ve ağılı güneyden, göremediğimiz yanından kuşatacak. Kuşatma tamamlanınca telsizden kripto gönder. 'Teslim olun,' çağrısı yapılıncaya kadar ne bir görüntü ne de bir sese meydan vermeyin. Ben, Üsteğmen Metin'in timiyle beraberim. Gelişmelere göre, her iki kol da emrimi bekleyecek. Hadi, ikinize de kolay gelsin. Dilerim, içeride terörist bir grup olsun!" Her iki subay da, "Emredersiniz," diyerek, yüzbaşının yanından ayrıldılar.

Kol komutanları, kendi savaşçılarını etraflarına bir hilal gibi toplayarak neyi, nasıl yapacaklarını anlattılar. Kimse, ne soru sordu ne de bir şeyi merak etti! Canlarını sıkan tek şey, "kuşluk vaktini" beklemekti. Ama bunun zorunlu olduğunu da biliyorlardı. Şayet, kulübede bir terörist grup varsa bunlar ya topluca teslim alınmalı veya yok edilmeliydiler. Karanlıkta yapılacak hücum ve ateş gücü ne kadar etkili ve yoğun olursa olsun bir kısmının kaçıp kurtulma imkânı olabilirdi. Karar doğru ve isabetli ama iki saati aşkın süre bu dağ ayazında, bir noktada ve hareketsiz halde sabırla beklemek zordu.

Müfreze, sırt çantalarında, çatışmada ihtiyaç duyabilecekleri teknik malzemeler ile yedek şarjörler, mermi şeritleri, ilave cephane gibi muharebe paylarını aldıktan sonra, tüm ağırlıklarını yamacın bir kenarına yığdı. Önce Teğmen Aykut'un Balaban kolu, daha önce keşif için gittikleri yönde ilerleyerek bulundukları yerden ayrıldı. Üsteğmen Metin'in Buzkıran kolunun ise bulundukları yerden açılarak yamacın üstüne çıkmaları gerekiyordu. Buzkıran savaşçıları açıldı, yayıldı ve yamacın ötesinde bulunan ağılı görünceye kadar tırmandı.

Tam bir saat sonra Teğmen Aykut, kriptolu mesajını gönderdi. Yüzbaşı hızla kriptoyu çözdü: "Mevkimiz tamam. Bu yönde kapı ve pencere yok."

Ağıl, kulübesi ile birlikte güneyden ve kuzeyden yarım iki yay şeklinde kuşatılmıştı. Doğu ve batı yönleri açıldı. Her iki koldaki askerler de, kulübeden birinin pencereden dışarı bakması veya kapıdan dışarı çıkarak etrafı kolaçan etmeye kalkması halinde görülmeyecek bir pozisyonda ileriye yanaşmışlardı. Görülmeyen yere havanlar hariç ateş edilmezdi! Birinci safhada böyle durulacaktı, ta ki gün ağarana kadar. Sadece kol komutanları kısa aralıklarla ileri çıkarak hedefe bakıp geri çekildiler. İçerdekiler, olup bitenden henüz haberli değillerdi. Ne ses, ne de bir ışık parıltısı vardı, uyuyorlardı.

Dağlarda ufuk görülmez. Gün ışığı dağların ardından yansır. Dağların öteki yüzünden itibaren kendini bu tarafta da göstermeye başlayan aydınlıkla birlikte müfreze komutanı, her iki kolun da ilerleyip ateş menziline girmesi emrini verdi. Bu emrin gelmesini beklediklerinden, patikadan daha fazla kar almış olan bu bölgede, karların içine bata çıka ama hırsla ileri atılıp mevzilendiler. Kulübe artık, tabanca hariç bütün silahların menzili içindeydi. Hedefi görmek hepsini rahatlattı ve huzur verdi: *Demek buradaydılar!* Bazıları, *bunlar fare kapanına girmişler*, diye düşündü. Olumsuz düşünenler de vardı: *Ya içerden teröristler değil de başka birileri çıkarsa.*

Yüzbaşının, "Başla!" işaretiyle Üsteğmen Metin, bataryalı küçük megafonun ses kontrolünü yaparak dizlerinin üzerine çöktü. Kulübeden bakacak olan biri artık herkesi görebilirdi, üsteğmen artık göğüs hedefi gibiydi. Güçlü ve ahenkli bir sesle bağırdı:

"Kulübedekiler, biz Türkiye Cumhuriyeti ordusu mensuplarıyız. Çepeçevre kuşatıldınız. Silahlarınız varsa bırakın ve çıkıp teslim olun!"

Bu çağrıyı üst üste birkaç kere tekrarladı. On dakikadan fazla bir süre geçmesine rağmen karşıdan hiç ses çıkmadı veya duyulmadı. Üsteğmen, müfreze komutanına baktı ve göz göze geldiler. Yüzbaşının yüzündeki ifade çok keskindi ve yüksek sesle, "Şoktalar," dedi. Hemen yakında bulunan askerler de bu sözü duydular. Yüzbaşı, "Anonsa devam et," işareti verdi. Zaman geçtikçe, *ya içeride kimse yoksa!* düşüncesi öne çıkarken birdenbire bir cam şangırtısı ve kütleme duyuldu. Kulübenin yarısı karton kaplanmış penceresi patlayıp karların içine gömüldü. Yüzbaşı içinden, *karar verdiler, rahatladılar, çarpışacaklar,* dedi. Güneyde bulunan Balaban kolu bunu görememişti ama kulübeye cepheden bakan Buzkıran askerleri, sevinçten havaya uçtular. Adamlar içerdeydiler. Cam çerçevenin sökülüp dışarı atılmasıyla, ne dedikleri anlaşılmamakla birlikte panik ve telaşı andıran sesler de dışarı taşmaya başlamıştı. Üsteğmen ısrarla, "Teslim olun!" çağrısına devam ediyordu.

Ve nihayet, hançeresi yırtılır gibi bir ses duyuldu!

"Sen ne dirsen sömürge düzeninin ordusu! Sen birinci düşmanımızsan. Sizinle işbirliği yapan herkes işbirlikçi, hain, ajan ve düşmandır. Silahlı mücadeleyi geliştirmek için, hangi biçimde olursa olsun, kin ve düşmanlık yaratabiliriz."

Üsteğmen Metin, "Bu koyunların çoban köpeği sen misin?" diye bağırdı.

"Ne demek isteyirsin sen?"

"Dümendeki çemişoğlan sen misin? Onu soruyorum?"

"Bana öyle dememelisin. Biz Kürdistan gerillalarıyız. Sömürge ordusunu topraklarımızdan atacağız."

"Senin adın ne?"

"Seni niye ilgilendiriy? Ama söyleyeyim, Reşkoyum ben."

"Tepenin adını aldın demek. Teslim olmazsanız, tepeniz ova olacak. Oradaki cahillerin üzerinde baskı kurma, söyle teslim olsunlar. Yüreğin varsa kendin çarpış, anladın mı Reşo?"

"Bizden olmayan herkese ölüm, bize yaramayan her şeye ölüm, anladın mı komitan? Politik gücü silahlı mücadele yoluyla ele geçireceğiz. Çekilin yolumuzdan."

"Siz kuklasınız, Batılıların Ortadoğu'daki kuklasısınız. Sizi sahte vaatler ve demokratik demagojilerle kullanıyorlar. Halka ve kendinize yazık ediyorsunuz. Teslim olun ve yargılanın. Teslim olursanız kılınıza bile dokunulmayacak. Söz veriyorum."

"Halk güçleri orduya karşı bu savaşı kazanacaktır. Devrim için koşulların beklenmesi gerekmez. Silahlı mücadele alanı temelde kırsal kesimdir. Mücadelenin çıkmasıyla birlikte halkın memnuniyetsizliği de tamamen açığa çıkmıştır. Profesyonel ordu karşısında hiçbir şey yapılamaz bahanelerine sığınan ve zayıflıklarına gerekçe yaratan pısırıklar da artık bizi fark etmişlerdir."

"Sen robotlaştırılmış budalanın tekisin. Hem yalancı hem de dangalak. Bu iki özellik bir arada nadiren bulunur. Yanındakilere yazık etme. Görünen o ki, senin ve yanındaki kandırılmış insanların ömrü uzun ve yazgısı iyi olmayacak. Bizim de bu masalları daha fazla dinleyeceğimizi sanma, gelin ve teslim olun."

"Komitan! Sizin, bu kara kış altında, bu dağlarda ne işiniz var ki?"

"Buralarda beyaz tavşan varmış! Biz de meraklısıyız, aramaya geldik! Sana mı soracağız sefil, ülkemizin neresinde, ne zaman bulunacağımızı? Sizin gibi iğdişlerden bir horoz olacağını sanan zekâ noksanlarının da kafasına turp sıkayım."

"Kızma kızma, ne güzel tartışıyoruz komitan!"

"Odun kafalı! Biraz sonra kim bu ağacın üstünde en uzun süre kalacak göreceğiz. Yanındakilere yazık olacak."

"Tartişmak iyidir, komitan."

"Sen de, çok insan gibi son saatinin geldiğine inanmamış olarak öleceksin. Aptalın daniskası, son saatinin geldiğini fark edemeden konuşup duruyorsun. Öğren o zaman, insanlar savaş alanında söylevlerle savaşçı olmazlar. Sen okudun mu?"

"Hayır terkim. Annem de okuma yazma bilmiyir."

"Siz ahıra halı sermeye kalkışan cahillersiniz. Her önünüze çıkanı öldürerek nereye varacağınızı sanıyorsunuz."

"Sizin TC duvara tosladı komitan, farkında değilsiniz! ABD ve Avrupa bizim arkamızda."

"Akılsız herif, yumurta taşla kavga edince tavuğun kıçını şahit gösterirmiş! Seninki de o hesap. Size 15 dakika müsaade ediyoruz. Silahlarınızı bırakarak dışarı çıkın ve teslim olun. Aksi halde cam gibi paramparça edileceksiniz."

Siperde bir an önce çarpışmak için can atan ve sabırları son kerteye dayanan askerler için bu konuşmalar çok uzun ve gereksizmiş gibi geldi. Tecrübeliler bu konuşmayı uzatmanın bir psikolojik harp olduğunun farkındaydılar. Amaç, başlarındaki adamların dışında, aralarından bir kısmının diğerlerini zor da olsa teslime zorlamasıydı. Ancak, şu ana kadar pek de etkili olduğu görülmemişti. Ortalık derin bir sessizliğe gömüldü. Verilen 15 dakikalık zaman da çok aşılmıştı. Birden, pencereden Buzkıran kolu üzerine otomatik tüfeklerle yaylım ateşi başladı ve aniden ardına kadar açılan kapıdan dışarı, sırtındaki RPG-7 veya RPG-11 roketatarıyla çıkan bir terörist birkaç metre koştuktan sonra roket atmaya çalıştı. Buzkıranların her çeşit silahı dakika değil saniyeler içinde patlamaya başladı. Gerideki yükselti ve sırtlar uğuldadı, her yeri barut ve kükürt kokusu sardı. Roket atmak için dışarı çıkan, silahını ateşlemeye fırsat bulamadan karların içine devrildi. Atılan roketlerden iki tanesi doğrudan pencereden içeri girdi. Bina, ateş ve duman içinde kaldı. Sağ kalanların dumandan boğulmamak için dışarı çıkmaları gerekiyordu ancak görünen olmadı. Bir ara kapı ve pencere gerisinde birkaç silah sesi duyuldu ve kesildi. O da ne? Kulübenin damı üzerinde bir asker belirdi. Buzkıranlar, emir almış gibi ateşi anında kestiler. Bu, Balabanlardan Uzman Onbaşı Cengiz'di. Eğile eğile ilerledi ve bacadan içeriye üst üste iki el bombası bıraktı. İçerdeki tok patlamalar bulundukları yerden duyuldu. Cengiz geldiği yönde gözden kayboldu. Alevler içinde yanmaya devam eden kulübenin tavanı kısa bir süre sonra çöktü. Bölgeyi koyu bir duman, sis ve koku kapladı. Müfreze toplandı ve kullandıkları patikadan yeniden yürüyüşe başladılar.

Gökyüzü açık, hava ise taptazeydi. Sanki bütün gece yürümenin getirdiği yorgunluğu üzerlerinden atmışlardı. Savaşçılar da insandır. Hem zaafları hem üstünlükleri vardır. Belki alınlarının yazıları ezelden yazılmıştır. Belki öyle değil de, kaderlerini kendileri arar, kendileri yaratırlar. Yahut gerçek büsbütün başkadır. Belki onlar da bir avcının tuzağına, yani kendi ruh yapılarının çarklarına kendi ayaklarıyla takılan heyecanlı kuşlardır... Evet, onların da kaderinde bir muamma, bir tılsım var ve bu muammanın tılsımı belki de hiçbir zaman çözülemeyecektir.

Vadi tabanında tavanı iki adam boyu yüksekliğinde bir dehlizin içindeydiler. Gözcüler hariç uyku tulumlarının içine girip ikindiye kadar uyumuşlardı. Sonra birer ikişer uyanıp bakımlarına başladılar. Henüz botlarının dikişi atmamıştı ama her gün değiştirmek zorunda kaldıkları çoraplarının bazı yerleri ufak tefek de olsa iğne iplikle onarılmalıydı. Herkes eski çoraplarını çalılardan yaptıkları kurutma düzeneklerine asmış, alevsiz ateşte kurutuyordu. Üniforma ceketi ile pantolonunda sökük olanlar ise dikişi atan yerleri kuvvetlendirmeye çalışıyordu. En büyük mutluluk ise çay içiyor olmalarıydı. Çaydanlık ve demlik her kolun en kıymetli malzemelerinden biriydi.

Yağış yoktu, gökyüzü parlaktı, hafif esintiler dışında rüzgârın da can sıkacak bir etkisi yoktu. Müfreze komutanı, kod defterine bakarak göndereceği mesajı eliyle şifreledi, her kelimeyi beş harfli bir numaraya çevirdi. Sonra mesajı yüksek frekanslı radyo ile yolladı. Mesajın açılmış hali şuydu: "İki ayrı yerde, iki iş tamam. Eksilme ve yaralanma yok. Tabancalar hariç, tüm silahların bütünleme mühimmatı ile erzaka ihtiyaç var. Mevkimiz XYK401716. Bu gece uygundur."

Kısa bir süre sonra gönderilen mesajın cevabı geldi. "Hava koşulları uçuşa engel olmadığı takdirde. Tam 22.00'de. XYK401716'nın bir kilometre güneyinde, NTP375844'te hazır olun."

Yüzbaşı, kol komutanlarını yanına çağırdı. "Bu akşam bize bütünleme ikmali yapılacak. Mühimmat ve erzak gelecek. Bulunduğumuz yerin bir kilometre kadar güneyine bırakılacak. Metin, indirilecek yükü senin kol alacak ve bulunduğumuz yere taşıyacak. Aykut, havanın kararmasıyla birlikte gözetleme ve dinleme faaliyetlerini seninkiler üstlenecek."

Üsteğmen Metin, "Komutanım, şimdi bir katırımız olsaydı, ne kadar iyi olurdu," dedi.

Yüzbaşı gülerek, "Sen hiç katır yedekledin mi?" diye sordu.

"Hayır komutanım."

"Bir katır yüz kiloyu bile taşıyabilir ama inadına da katlanacaksın. Eğer bir işte katır kullanacaksınız mutlaka sahibi ve bakıcısı ile beraber olmalıdır. Onun huyunu ve suyunu ancak onlar bilebilir. Aksi halde burnunuzdan gelir."

"Aman komutanım, o zaman yerinde kalsın."

Teğmen Aykut, "Efendim, atma noktası bize çok yakın sayılmaz mı? Gece helikopterin uçuş sesi yeri göğü inletecektir!" diye araya girdi.

Yüzbaşı, "Yakınımızda köy ve mezra yok. Uçtuğu tüm güzergâh elbette sesi duyacaktır. Duyacaklar da ne olacak? Karakol ya da ana üslerden birinden bir yaralı veya hasta almaya gittiğini düşüneceklerdir. Buna alışkınlar. Bu kış kıyamette alan taraması yaptığımızı dost düşman, kim olursa olsun, rüyalarında görseler bile inanmazlar. Çok uzağa bırakıldığında yükü buraya taşımaya bir gece karanlığı yetmez ki."

Teğmenin yüzü, gizlenemeyecek kadar kızardı. Mahcup olduğu her halinden belliydi.

"Metin, sadece silahlarınız olsun yanınızda. Kolileri parçalayıp olabildiği kadar ayırarak herkese dengeli bir şekilde dağıt. Kırmızı lazerli fenere ihtiyacın olacak. Hadi beyler, kolay gelsin," dedi müfreze komutanı.

Kılık kıyafetin onarım ve bakım işleri bittiği için Komando Onbaşı İrfan ile komando erler Hasan ve Burak uyku tulumlarının üzerine oturmuş, silah bakımı yapıyorlardı.

Burak, "Size bir Bektaşi fıkrası anlatayım mı?" diye sordu.

Hasan ile İrfan birbirlerinin yüzüne baktılar.

Burak'ın ne kadar dalgacı biri olduğunu bildiği için Onbaşı İrfan içinden, *gene ne muziplik yapacak bu hergelenin önde gideni*, diye düşündü.

İkisi birden, anlaşmış gibi, "Eee. Anlat bakalım," dediler.

Burak başladı:

"Bektaşi ve komşusu ölüyor. Bektaşi cehenneme, komşusu cennete gidiyor. İkisi de uzun bir süre sonra görevlerine giderken Araf'ta karşılaşıyor. Kucaklaşmalarından sonra karşılıklı sorular başlıyor. Komşusu Bektaşi'ye cehennem azaplarını soruyor. Bektaşi, 'Çok kalabalığız, fazla iş düşmüyor. Bütün gün dalga geçiyoruz. Bu kalabalıkta bana

45

düşen tek iş, cehennem ateşine günde iki el arabası kömür atmaktan ibaret.' Komşusu ise hayretler içersinde kalarak anlatıyor. 'Yapma yahu! Ben her sabah saat altıda kalkıyorum. Ama işleri yetiştiremiyorum. Yağmur bulutlarını gezdiriyorum. Şimşek çaktırıyorum. Yağmur yağdırıyorum. İş gece yarılarına kadar sürüyor.'

Bektaşi, niçin bu kadar işi olduğunu sorunca komşusu açıklıyor: 'Adam yok adaaaam!'"

Diğer ikisi kahkahayı patlatmamak için ellerini gayriihtiyari ağızlarına götürdüler.

İrfan, "Ulan aydede suratlı, senin çıranı yakmalı," diye takıldı ona.

"Ne var oğlum biz büyük şehir, metropol çocuğuyuz."

"Belli oluyor!"

"Bakın size söyleyeyim. İnsan da yeryüzü gibidir. Bir yüzü karanlık bir yüzü aydınlıktır..."

Hasan, "Başka nelerin var anlatacak?" diye sordu.

İrfan ise, "Bugün bir hal var senin üzerinde," dedi.

"O zaman duyduk duymadık demeyin," diye konuşmaya başladı Burak, "her aşk geçicidir. Acı verici ve aldatıcıdır. Sevmek aşırılıktır. Kendini teslim etmektir. Aşkta yargılama olmaz. Yargılama aşkı sarsıntıya uğratır. Aşk başkasının iyilik ve çıkarını istemektir. Kişisel çıkarlardan vazgeçmeden aşk olmaz. Aşk; parayı, gücü, bedeni sevilen şey için adamak demektir. Aşkta korku olmamalıdır. Kusursuz aşk, korkuyu kovar."

Hasan araya girip, "Sen hiç âşık oldun mu?" diye sordu.

"Sen bana baksana! Bende, âşık olacak göz var mı oğlum?"

İrfan, "Aslanım sen, palamarı çözülmüş tekne gibisin," diye fikir belirtti.

"Siz bir şeyin henüz farkına varamamışsınız. Dünya hiç

durmayan bir salıncak, ortada her şey sallanıyor. Ömrün, otsu, çiçeksi ve meyveli dönemleri vardır, nihayetinde ise solgunluğu."

Burak'ın konuşması, gittikçe üstün ve inandırıcı bir hal alıyordu. İrfan, "Bu işleri az buçuk biz de biliyoruz ama sen işi ilerletmişsin," dedi.

Hasan, "Sen her şeyi bilen allâme olmuşsun, fakat beynin dumanlı," diye takıldı genç askere.

"İnsanların çoğu ölü bir beyin, kupkuru bir ruhla bir kabuğun içine çekilmiş orada yaşıyor!"

"Sen liseden sonra okudun mu?"

"Ben ikinizden daha yaşlıyım. Meydancılığı da bilirim, sosyete salonlarını da. Ailemin ekonomik durumu iyidir. Evin tek oğluyum. Sosyal bilimler okudum. Üniversiteyi 3'üncü sınıftan terk ederek iş hayatına atıldım. Bu bölgeye gelebilmek için torpil bile aradım. Buralarda yaşanan hayatın bizzat içinde olmak benim için tarifsiz bir tecrübe olacaktı ve işte, sizlerle beraberim."

Konuşmanın uzayıp gideceği ortadaydı ama yanıbaşlarında Mustafa Başçavuş'un iri gövdesi belirdi. "Nöbet sırası gelenler hazırlansın!" dedi ve yürüdü.

Üsteğmen Metin'in komutasındaki Buzkıranlar, saat 19.00'da, hafif donanımlı olarak, birerli kol düzeninde, dehlizden indirme noktasına hareket etti. Gözetleme ve dinleme mevkilerini Balaban kolu askerleri aldı. Gökyüzü masmaviydi, dolunay dağlara ve yerdeki beyaz dünyaya meydan okurcasına tepede dikiliyordu. Çok uzaklardan bir gece yırtıcısının, "Ben de buralardayım," der gibi haykıran cırtlak sesi duyuldu.

Sığınak olarak konakladıkları kayalık koridorda, gene dumansız ateş ve birkaç mumun titreyen ışığı etraflarını aydınlatıyordu. Müfreze komutanının hesabına göre, helikopter tam zamanında bildirilen noktaya gelebilse bile, Buzkıranların gece yarısından önce dönebilmeleri mümkün değildi. Balaban kolunun görevde olmayan askerleri bulundukları köşede birbirleriyle şakalaşıyorlardı.

Yüzbaşı, Teğmen Aykut ile Asteğmen Murat'ı yanına çağırdı. Komutan, "Oturun," deyince her ikisi de pançolarını yere serip üzerine oturdular. Müfreze komutanı gözlerini, asteğmenin gözlerine çevirerek sordu:

"Murat, sen siyasal okudun değil mi?"

"Evet, efendim."

"Özgeçmişinden siyaset ve kitle hareketleriyle uğraştığın anlaşılıyor."

"Evet, komutanım, bir şeyler yapmaya çalıştık."

"Ne oldu peki?"

"Bu işler iğne ile kuyu kazmaya benziyor. Askerlik de bekliyordu. Bıraktım ve orduya katıldım."

"Devam edecek misin?"

"Sağ salim dönersek komutanım."

"Dönersin, dönersin, bir şey olmaz."

"Tanrı bilir komutanım."

"Dul görünüyorsun."

"Doğrudur komutanım. Kız baktı ki biz başka âlemlerde dolaşıyoruz. Ev bark ikinci planda, çekti gitti. Haklıydı."

"Peki, sen ne diyorsun Türkiye'de olup bitenlere, hem dış siyaset hem de içeride yürütülen politikalara?"

"Lozan diyorum, efendim."

"Tek başına Lozan mı?"

"Evet Lozan ama ekleriyle birlikte! Ortadoğu'nun enerji kaynaklarına oturmak."

"PKK, bunun neresinde?"

"O, bugün ya da yarın, bir yerlere gelse bile, Ortadoğu'da Batı'ya hizmet etmekten ve onun bir kuklası olmaktan öteye gidemeyecek. 1918'lerin Kürt Teali Cemiyeti ile İngiliz Muhipler Cemiyeti izin ve sıfat değiştirerek Türkiye'de yeniden hayat buldular. Hamam da tas da eski, insanları ise şimdikiler."

"Amerika ve Avrupa, PKK'nın varlığını devam ettirmesi konusunda fikir ayrılığı olmaksızın tam ittifak halindeler mi sence?"

"Ona ne şüphe, bu PKK dünyanın işe yaramaz köşesinde bilinen söylem ve eylemleriyle çıksa, affedersiniz komutanım, kim takar. Mesele Ortadoğu yani petrol, su, toprak ve madenler. Dün de Vietnam'ın bakırı, kauçuğu, kurşunu idi. Amerika ve Avrupa'nın ucuz ve bol petrol sayesinde ekonomilerini güçlendirmesi ve büyümesi gerekiyor. Amerika şu anda, toplam petrol ihtiyacının yarısından fazlasını ithal petrolden karşılıyor. Dünya petrol rezervlerinin %65'i Körfez ülkelerinin topraklarında. Petrol, ana enerji kaynağı ve ekonomik büyümenin en temel öğesi durumunda. Amerika çözümü ordusuyla kukla yönetimler ve hükümetler oluşturarak PKK gibi taşeronlarla da dikkati başka yönlere çekip iç çatışmalar çıkartarak zayıf düşürme politikalarında buluyor."

"O zaman, ABD ve Avrupa ülkeleri, ki hepsi NATO'dan müttefikimiz, niye ikide bir PKK'yı terör örgütleri listesine aldık deyip duruyorlar?"

"Komutanım, dış politikada yalan, 'ülke için yapılan yurtseverliktir.' Aldılar da bugüne kadar ne yapmışlar?

Avrupa'da göstermelik bir iki tutuklama tiyatrosundan başka bir şey yapılmış mı? Hepsi göz boyama, hepsi sahte. Bize de zekâ noksanı muamelesi yapıyorlar. Üstelik bu oyunu yıllardır utanmadan sahneliyorlar. Hadi diyelim halk bunu yutuyor. Ülkeyi yöneteceğim diye somun pehlivanları gibi ortaya atılıp da bu zokayı damaktan alan siyasilere ne demeli? Amerika ve Avrupa, Basra Körfezi ile Orta Asya'dan çıkan petrole giderek daha bağımlı hale gelecek. Dolayısıyla bu bölgedeki petrole erişimi garantilemek için Amerikan kuvvetleri buralarda yaşanan pek çok etnik, dini ve siyasi çarpışmaya katılacak ve ulusal çıkarlarına uygun hükümetleri destekleyecek. İşine gelmeyenleri, el altından yürüteceği siyasal ve kitlesel hareketlerle devirecektir."

"Her şeyi jeopolitik zorluyor, değil mi?"

"Çok doğru komutanım. Jeopolitik ve yarı sömürge ekonomisi zorluyor. İmtiyazlı yabancı işletmelerle de alan hâkimiyetini pekiştirmek istiyorlar."

Karşısındakinin konuşmasını hiç kesmeden, konuşmasını bitirince bile belki söyleyecek başka şeyleri kalmıştır diye bir süre sessizce bekleyen yüzbaşı, kendine has çocuksu gülümsemesiyle devam et anlamında başını salladı.

Asteğmen Murat konuşmasını sürdürdü:

"Parlamenter rejim demokrasinin bir şeklidir. Bir orta sınıf demokrasisidir. Bütün orta sınıf demokrasileri gibi kendi ilerici kurumlarının yanında, kendi iç çekişmelerini de beraberinde getirir. Yapısının esnekliği bir sürü düzenbaz üretmeye uygundur. Halkın çıkarlarını aslında siyasi partiler değil, aydınlar korur ve takip ederler ama maalesef bizde haklar ve özgürlükler anlamında böyle bir durum söz konusu değil. Aydın bayrak adamdır. Eğilmez, bükülmez, paraya pula eyvallah etmez. Patrona, işverene, parasını ödeyene bağlı değildir. Kişisel bağımsızlık onun sancağıdır. Ne ithaldir ne de onun bunun yanaşması. Bu nitelikte olanların sayısı o kadar az ki bugün.

Halkı eğitilmemiş, basını özgür olmayan ülkelerde demokrasi dahil, tüm haklar ve eşitlikler lafügüzaftır. Oyalanmaktan ve bir şey olduklarını sanmaktan başka ne yapabilirsiniz ki? Bu gerçek, gerek sınıflı toplumlarda gerekse sosyal düzenin daha ileri aşamasındaki sınıfsız rejimlerde aynı derecede doğrudur.

Devlet adamına gelince, o ileri ve üstün aydın demektir. Çünkü toplumda en güç ve en üstün sanatın yani siyasetin sözcüsü ve icracısı odur. Ancak aydın ve usta bir devlet adamı toplumdaki çekişmeleri toplum yararına yönetebilir. Mesela, ideolojiler, büyük reform formülleri düşünürlerin buluşları olabilir. Ama bunların uygulamak devlet adamının işidir.

Büyük yoksunluk, çağın gerçek ölçüleri ile hem aydın hem devlet adamı yetiştirememektir. Sözün manası, adam kıtlığıdır.

PKK bir anarşi hareketidir. Anarşi düzenin iflasıdır. Mevcut müesseseler iktidarlarını kaybederse anarşinin ağları, toplumun yapısını sarmaya başlar. Türkiye Cumhuriyeti devletinde olan tam olarak budur.

Halk, tutarsızlık, lafebeliği ve laf cambazlığıyla karşı karşıyadır. Her yerde olduğu gibi bizde de basın bazı ekonomik ve siyasi çıkar gruplarının emrindedir. Her şeyin emperyalizmi var. Güçlü paranın emperyalizmi, dinin emperyalizmi, uluslararası bazı konuların emperyalizmi. Yanılmış olmayı dilerim ama her geçen gün devlet parçalanmaya gidiyor. Devleti ilk sarsanlar kendi yıkımlarını benimser."

Yüzbaşı Tayfun, "Murat, kitaplar yazılabilinecek konuları, akademisyenliğine toz kondurmayacak şekilde yalın, kısa ve net olarak özetledin. Teşekkürler, sağ ol."

"Estağfurullah komutanım. Bizler buralarda kimsenin hayal bile edemeyeceği koşullar altında hiçbir karşılık beklemeden yaşıyor ve çarpışıyoruz. Bunu da doğal olarak, Türkiye Cumhuriyeti'nin birer ferdi olarak özveri sınırlarının üstüne çıkarak yapıyoruz. Ama ülke, materyalist bir topluma doğru gidiyor. Materyalist toplumun atmosferi huzur değil; stres, endişe ve belirsizliktir. Bunun bizim de içinde olduğumuz mücadeleye etkisi duyarsızlıktır. Komutanım, düşmanın kafasına egemen olmadığınız ve yenildiğini itiraf ettiremediğiniz sürece gerçek zafer yoktur. Ve son bir şey söyleyeyim. Siyasi tarih boyunca, savaşta görüşmek isteyen taraf (kale), yarı yarıya teslim alınmıştır."

Yüzbaşı Tayfun, "Haklısın, ancak basını özgür, halkı okuyan ülke güvendedir. İç politikaya dışarıdan açık ve gizli bir müdahale her şeyi daha da kötüye götürüyor. PKK bunun en çarpıcı örneğidir. Devletin bir ağacın kökleri gibi kendine özgü kökleri vardır. Onu bir aşı yaparmış gibi başka ülkelerin siyasetine bağlamak, onu doğal kişiliğinden yoksun bırakmak, bir eşya düzeyine indirmektir," dedi.

Buzkıranlar helikopterle randevu mevkine varıp tertiplenmişlerdi.

Üstçavuş Ömer, "Üsteğmenim, helikopterin uçamaması diye bir şey olmaz değil mi? Bata çıka bu kadar yol yürüdük. Üstelik geri gideceğiz. Emeğimiz heba olup gitmesin," dedi.

"Sanmam, baksana hava cam gibi, gökyüzü pırıl pırıl,

görüş mesafesi açık. Daha yarım saatten fazla zaman var. Şüpheye mi düştün?"

"Yok, değil de, gene de insan düşünmeden edemiyor."

Buzkıran kolu helikopterin yük bırakacağı mevkiye buluşma saatinden bir saat önce ulaşmıştı. Bölge yayvan arazinin diğer tarafları gibi karla örtülüydü. Buluşma saati 22.00 idi. Saat tam 21.45'te kuzey istikametinden çok hafif olmakla birlikte kulaklarının aşina olduğu bir ses duyuldu. Ses gittikçe yükseldi, tok bir hal aldı, yankıları geniş alanlara yayıldı. Ve aniden tertiplendikleri yerin ilerisindeki vadiden dev gibi uçan simsiyah bir gövde belirdi. Helikopter gece görüşü ile uçtuğundan hiçbir ışığı yanmıyordu.

Üsteğmen Metin'in, birkaç kez lazerli fenerini yakıp söndürmesiyle pilotlar, aşağıdakilerin bulunduğu yeri tahmin ettiler ve yanıp sönen ışığın 100 metre kadar önüne iniş yaptılar. Uçuşun sürdüğü intibasını vermek için de motoru susturmadılar. Helikopterden yere atlayan dört kişi, içerden kendilerine verilen mühimmat sandıklarıyla malzeme torbalarını acele acele helikopterin yakınına istiflediler. Helikopterin inişi ile kalkışı tam on dakika sürdü. Helikopter inerken karları nasıl toza dumana çevirdiyse giderken de aynısını yaptı. Yerdekiler kısa bir kavis yaparak geldiği istikamette kaybolan helikopterin arkasından bakakaldılar. Belki dillendirmiyorlar, belki imrenmiyorlardı ama ruhlarını bir hüzün ve burukluk sarmıştı. On adam, yükün bir kısmını sırtlarına bağlayarak, bir kısmını da özellikle, mühimmat sandıklarını, iki kişi birer kenarından tutarak dönüşe geçtiler. Saat 23.00 olmuştu.

Sığınağın gözetleme ve dinleme görevinde sıra Sağlık

Çavuşu Ahmet ile Komando Er Burak'taydı. Seçilen yer, bir mevzi ve siper hazırlanmasına gerek görülmediği için, insan boyunu geçmeyen arazide gelişigüzel duran bir kayanın arkasındaydı, sığınağın da sağ tarafında bulunuyordu. Arkalarındaki dev kayalık hariç diğer yönler rahatlıkla gözetlenebiliyordu. Zaman gece yarısını geçiyordu.

Burak, "Buzkıranlar daha ortada yoklar," dedi.

Ahmet Çavuş "Daha erken sayılır ama sabaha kalacaklarını sanmıyorum," diye cevap verdi ona.

Hava açıktı, ay görünmese bile karın beyazlığı uzak mesafelere kadar görüş alanı sağlıyordu.

Burak, "Dağlar çok yaman. Hep soğuk, hep sisli, hep karlı ve özgür... İnsanı kendine boyun eğdiriyor. Dik başlı, teslim alınamaz," diye konuşmaya başladı.

"Ben sağlıkçı olduğum için askerden önceki hayatım köy yerlerindeki sağlık ocaklarında geçti. İnsan tabiatın içinde, kendi dünyasının bunaltıcı hayhuyundan, sıkıcı darlığından kurtuluyor. Burada her şey olduğu gibidir, gösterişsiz, yapmacıksız, sessiz ve büyük. O büyüklük içindeki yalnızlıkta insan kendini bulur, kendi önündeki saçma asiliği fark eder. Şehirde azgın çoktur, ben ormanı ve dağları severim."

"İyi de Ahmet Çavuş, şehrin insanlara sunduğu olanaklar, renkli sosyal yaşam, sanat ve kültür faaliyetlerinin hepsinden mahrum kalırsın o zaman."

"Ben şehir olmasın ve şehirde yaşanmasın demiyorum. Nasıl çok insanla düşüp kalkmak kişiliği bozarsa, şehirlerin yaşamı da insanları makineleştiriyor. Herkes yarış atından farksız. Bir telaştır, bir harran gürradır gidiyor orada. Ben 30 yaşına geliyorum. Sen daha gençsin. Bazı düşünce ve fikirler, ister istemez zamanını bekliyor. Şehirde lüks bir hayat yaşayacak kadar para kazananlar bile bir fırsat yakalar yakalamaz yazlıklarına veya çiftliklerine kaçarlar. Dinlenme ve huzuru orada ararlar."

"O bakımdan haklısın. En çok özlediğim şey deniz. Bir de uyku, yarasalar bile bizden çok uyuyor."

Gökte seyrek de olsa parlayan yıldızlar vardı. Gözetleme yeri hep aynı olduğundan ve epey zamandır da kullanıldığından zemindeki kar betondan farksızdı. Kar başlıklarının üzerine parka kapüşonlarını da geçirmişlerdi. Hareket edemiyorlar, bulundukları yerde zaman zaman zıplayarak ayaklarına saplanan soğuğu kovmaya çalışıyorlardı. Çoğu zaman da bir ağaç gibi hareketsiz kalıyorlardı.

Burak birden telaşlandı. Ahmet Çavuş, "Ne var? Bir şey mi oldu?" diye sordu. Kulakları zaten kirişteydi.

"Gece görüşle, sıra kayaların bitimindeki bodur ağacın soluna bir bakar mısın?"

Ahmet Çavuş sağdan sola, soldan sağa tarif edilen yeri boydan boya taradı.

"Bir şey görünmüyor," dedi ama dürbünü gözünden ayırmadan bakmayı sürdürdü.

Burak tüfeğin emniyet mandalını açarak, dipçiği yumuşak bir şekilde omzuna dayadı. İkisi de sanki nefes almıyordu. Çok geçmedi, Burak'ın ilk tarif ettiği noktanın 30 metre kadar solunda iki küçükbaş gördüler. Görünen cisimler çok kısa bir sürede kayboldu.

Ahmet Çavuş, "Bunlar hayvan," dedi.

"Doğru insana benzemiyorlar, köpek olmasınlar?"

"Bu mevsimde davar ve otlak işleri olmadan köpekleri buralarda göremezsin. Onlar, şimdilerde köylerde ve mezralardadır. Muhtemelen çakal veya kurtlardır."

"Ne işleri var buralarda, gitseler ya köylere, mezralara koyunlar, tavuklar oralarda birader."

Bu lafın üzerine Ahmet Çavuş'u bir gülme tuttu.

"Çok aç kalır da gözleri dönerse, oralara da giderler. Anlaşılan o ki, daha o kadar aç değiller. Şunu unutma, eğer ileri derecede karınları aç olsaydı, bizim bile üzerimize gelebilirlerdi."

"Daha neler! Gelsinler de günlerini görseler. Postlarını kevgire çeviririm alimallah."

Ahmet Çavuş içinden, *ah bu şehir çocukları, birçok şeyi öğrenemeyecekler*, dedi.

Konuşmaları bittikten sonra ikisi de derin bir nefes aldılar, kendilerini mutlu hissediyorlardı.

Saat 03.00'te Buzkıranlar kolu, üs olarak kullandıkları sığınağa döndü. Üsteğmen Metin raporunu müfreze komutanına verdi, "Her şey yolunda gitti. Tüm malzemeleri getirdik. Bir sandığı iki tarafından tutarak taşıyan iki arkadaş, sırtlarındaki yüklerle birlikte bir kar çukuruna düştü. Kollarından ve bacaklarından aldıkları darbeler yüzünden kas ağrıları var. İşlerine mani olacak bir durumları yok. Yüklerini diğer arkadaşlar paylaştılar. Kendileri de yardımsız yürüyerek buraya kadar geldiler."

Yüzbaşı teşekkür ederek hemen istirahate geçmelerini söyledi.

5

"Buzkıran" ve "Balaban" isimli iki koldan oluşan "Afat" isimli müfreze, komutan hariç 20 kişilik bir savaşçı örgüttü. Liderleri yüzbaşı olan ekip, bir komanda üsteğmeni, bir komando teğmeni, iki komando asteğmeni, iki komando astsubayı, iki komando uzman çavuşu, iki komando uzman onbaşısı ile yedi komando erden meydana getirilmişti.

Müfrezenin silah sistemleri, aynı zamanda bomba atar da takılabilen, 17 piyade tüfeği, iki keskin nişancı tüfeği Kanas, iki makineli tüfek, iki roketatar, iki komando havanı, her birinde dörder adet savunma ve taarruz el bombası, erler hariç her rütbelide bir Law silahı vardı. Subay ve astsubayların tabancaları da bellerindeydi. Dağ halatı, komando boğma teli ve bıçakları, herkesin şahsi teçhizatı olarak yanındaydı.

Hepsi 30 yaşın altındaydı. Rütbeliler tecrübeli, erler ise tamamı bölgeye gönüllü olarak gelen askerlerdi. Alana çıkmadan önce gayrinizami savaşın duayeni ve dağlarda kış koşullarında muharebe etmenin teknik, yöntem ve taktiklerinde gerçek ve tam usta olan bir komutan tarafından eğitime alındılar. Bu eğitim, konuşlandıkları ana üssün civarında gece gündüz kesintisiz 15 gün sürdü.

Ustaları her seferinde daha enerjik, hızlı, yiğit, kendisine acımayan, becerikli ve sinirleri sağlam bir adam olarak karşılarına çıktı. Asker hayatının aşırı güçlüklerini seviyordu. Sürekli hareket halinde ve çetin yaşamak hayatının anlamıydı.

Bir keresinde, "Bir sürü dert içinde bir de çocuklarımı mı düşüneceğim," dediğinde, eğitimdekilerin bazılarının ağzı açık kaldı.

Müfreze alana çıkmadan bir gün önce onlarla son konuşmasını yaptı. Karşılarına geçip avının üzerine atlamaya hazır bir kaplan gibi durdu. Bas bariton sesiyle coşkulu şekilde konuştu:

"Siz, solucansınız! Onun gibi arazide kıvrak hareketler yapacaksınız. Siz, karabataksınız! Onun gibi bir görünüp bir kaybolacaksınız. Siz, salyangozsunuz! Onun gibi, evinizi sırtınızda taşıyacaksınız.

Her zaman esneklik, her zaman şaşırtma, her zaman katılık, her zaman zekâ, her zaman hızlı karar verme ve her zaman cesaret, cesaret ve daha çok cesaret göstereceksiniz.

Tehlikeyi ölçmeyin onu üzerinize çekip yönetin. Engel mi? O da neymiş! İnsanların engeli kafalarındadır. Kuşkuyu, endişeyi, karamsarlığı atın kafanızdan. Engel denilen şey işte odur.

Gecenin dilini, gecenin gizemini, gecenin sessizliğini kendinize dost ve müttefik edineceksiniz. Ondan korkmayın, çekinmeyin, onu sevin. Severseniz göreceksiniz, hep sizin yanınızda olacaktır.

Bu görevde dağ, buz, kar ve ayaz sizin ilk düşmanınız olacaktır. Onlara kafa tutmayın. Yenemezsiniz. Onlar doğanın silahlarıdır, kimse ona saldıramaz. Ona ancak boyun eğebilirsiniz. Onların gücünü her hareketinizde önemseyin, dikkate alın.

Dağlarda aykırı savaş, yaratıcılık ve ele avuca sığmamak demektir. Bu savaşın savunma yöntemi gizlilik ve devamlı harekettir.

Savaşın bir dizi yasası vardır ve bunları savsaklayan her kim olursa bozguna uğramaya mahkûmdur. Bu yasalar gayrinizami olarak dağlarda yapılan savaş için de geçerlidir. Yardımcı yasaları ise savaşın tarzı ve biçimi tayin eder, yani coğrafya ile onun doğası.

Düşman bastığı araziyi, giriş çıkış yollarını çok iyi tanıdığından çevik manevralar yapabilir. Bizim tarafımızdan gözetlenemeyen büyük arazilerde hareket edebilme olanağı olduğundan, daima şaşırtma uygulayabilir. Bütün yaptığı; 'vur ve kaç', 'bekle ve pusu kur', 'vurmak için dön ve kaç', 'düşmana nefes aldırmadan bunu sürdür'den ibarettir. Onlar kendi darbelerinin sürekli olmasını, bizim askerlere uyku uyutmamayı, etrafımızın her an kuşatılmış olduğu hissini yaratmayı isterler. Gündüz ormanlık ve engebeli arazide, geceleri bizim girmemizin kolay olmayacağı bölgelerdedirler. Eylemsizlik dışında iyi korunan bir harekât üssünde bulunurlar. Buraları ele geçirmek şeytanca bir hile ve istisnai bir planlama gerektirir. Çünkü bu yerler seçilirken kaç kişiyle saldırılacağı değil, kaç kişiyle savunulacağı hesaplanmıştır. 60-80 kişi bu tip bir üssü, sarp ve erişimi güç arazide 600-700 kişilik bir tabura karşı kolayca savunabilir.

Düşman asla belli bir savaş biçimine alıştırılmamalıdır. Sürekli olarak eylem yerleri, saatleri ve uygulama biçimleri değiştirilmelidir.

Siz, gece savaşçıları, kurnaz olacaksınız. Bir kasırga gibi

düşmanın üzerine binecek ve her şeyi yerle bir edeceksiniz. Aynı zamanda dilsiz olacaksınız. Her şey orada kalmalıdır. Mermilerinize altın gibi sahip çıkmanız şarttır.

Gece ışık sizin düşmanınızdır. Her zaman diri ve zinde kalmalısınız. Hepiniz, fizik olarak sağlam, at gibisiniz, aslan gibi bir yüreğiniz var. Ama su gibi akışkan, ince bir ruha sahipsiniz. Karanlık korkuları büyütüp onu yurtseverlik duygularınızla ezin. Korkuyu reddedin. Siz, korku ekin!

Annem, askeri okula girdiğimde çok üzülmüştü. Onun için askerlik bir nevi ölümdü. Tek oğluydum. Annemin felsefesi yalın ve doğruydu. Ne yapalım, söz konusu savaşsa bu da olacaktır."

Dikkatli gözleri keskindi fakat dinleyenleri sakin bir biçimde süzüyordu:

"Tan yeri ağarmaya başladığında, bir tüfek patladı. Ardından roketler gürledi, tüfekler şakırdamaya, mermiler ıslık çalmaya başladı. Kulakları sağır edercesine bağırıyorlar, kayadan kayaya atlıyorlardı. Pusuya düşmüştük. Kurşunu yiyen yere serildi. Bir mermi boynuma isabet etti. Kan tükürdüm ve lanet okuyarak oturdum. Kabarık üst dudağım kımıldıyordu ama ağzımı açamıyordum. Yaranın ölümcül olup olmadığını bilemiyordum. Belki de ölecektim. Hatıralar, art arda hızla geçiyordu gözlerimden. Bunları hayal ediyor fakat hiçbir şey hissetmiyordum. Ne acıma, ne merhamet ne de herhangi bir heves. Bütün bunlar önemsizdi. Gücümü toplayıp doğruldum. Biri siper ettiği kayadan çıkıp bana doğru yürüdü. Çok yakınımdaydı. Birkaç el ateş ettim, afalladı ve yere düştü. Ölü sandığım bedeni kıpırdadı, gövdesini kayaya tutunarak ayağa dikildi. Öyle korkunç bir hali vardı ki, gören donakalabilirdi. Titredi ve kayadan ayrıldı.

Kesilmiş bir ağaç gibi yüzükoyun yere kapaklandı. Artık kıpırdamıyordu. Ayağımdan da yaralanmış olduğumu sonradan fark ettim. Kaburgalarım, başım, kollarım, bacaklarım paramparçaydı sanki. Sağ yanımda onlarca metre derinlikte bir uçurum vardı. Her tarafım kan kokuyordu. Şaşırtıcı olabilir ama ilk aklıma gelen, 'Kan kokuyorum, hemen bir yerde yıkanmalıyım,' oldu. İkincisi ise, 'Bizim eve doğru uçun kuşlar, söyleyin anama, eşime, çocuklarıma, biz yurdumuz için öldük!' demekti.

Kader için, Allah'ın takdirinin ne olduğunu bilmek imkânsızdı. Boynumda parlak bir deri kaldı. Ayağım iyileşti. Ama barometre gibidir, rutubeti, yağışı ve havanın soğuyacağını bana erkenden haber verir!"

Neşeli bir gülümseme parladı gözlerinde. Kendinden emin ve mağrur, fakat aynı zamanda sıradan şeylerden bahsediyor gibi de umursamazlık içindeydi.

"Tanrı ne yazdıysa o olur! Vatanseverlik ateşi kısmen bile küllenmemeli! Kimi kazancına bakar, kimi de şan ve şeref için yaşar."

Gerçek ve gözü kara bir cephe subayı savaşan bir askerdir. Tanıyan herkes onun karargâh subaylarından nefret ettiğini bilirdi. Büyük bir coşku ve yurt sevgisiyle doluydu. Sık kullandığı bir sözü vardı: "Uzaktan kahraman olmak kolaydır!"

Konuşmasını sürdürdü:

"Rutubetli mağaralar, sığınaklar, tezek kokuları, sıyrıklar, çizikler, bütünüyle kara gömülmeler, mekanizma şakırtıları, zaman içerisinde yüz çizgilerinde sefalet ve kahramanlığı birbirine karıştırır. Kirli üniformalar, uzamış sakallar... Sizden bekleneni hakkıyla yerine getirmekten fazlasını uzun boylu düşünmeyerek ve hissetmeyerek bütün bunlardan sıyrılabilirsiniz.

Sebepsiz yere bir darbe aldığınızda, karşılığı çok şiddetli verilmelidir. Öyle ki, bir daha aynı haltı yemesinler. Karşımızdaki teröristler aslında siyasi bir amaç için silahlı eylemler yürüttüğünden komitacıdan başka bir şey değiller. Onlarca yıl geçti, devlet sorumluluğu taşıyan bir sürü andaval, bugün bile olup biteni ve gelecekte neler olacağını kavrayabilmiş değildir.

Vatan taş, toprak değil şereftir. Şerefsizlik ve onursuzluk bir ağaçtaki yara gibidir. Yaranın izi zamanla kaybolmaz, sadece büyür. Ve bir vatansever, vatansız olmaz. Yolunuz ve bahtınız açık olsun."

Yüz kasları hiç oynamadan, yarı gurur duyan, yarı merhamet ve acıma taşıyan bir bakışla, herkesin gözünün içine baktı. Müfrezeden beklenenler, neredeyse insanüstü görevlerdi. *Acaba kaçı sağ olarak dönecek!* diye aklından geçirmeden de edemedi. *Belki de hiçbiri!*

"Yüzbaşı! Üsteğmen ve teğmeni al, barakadaki odama gelin!" dedi. Sonra sert bir selam vererek müfrezenin yanından ayrıldı.

Yüzbaşı Tayfun, Üsteğmen Metin ve Teğmen Aykut barakaya girdiğinde üstat çay içiyordu. İçerisi serindi. Tahta bir masanın arkasında bir sandalyede oturuyordu. Arkasındaki duvarda, tavandan aşağı doğru sarkıtılmış dev bir Türk bayrağı vardı. Masanın üstünde, neredeyse masa boyunu kaplayan geniş bir harita bulunuyordu. Üç subay, kendilerine gösterilen iskemlelere oturdular ve cep defterleriyle kalemlerini ellerine aldılar.

"Bazı şeyleri size söylemek için buraya çağırdım," diye

söze başladı, "disiplinin temel şartı, astın üstüne boyun eğmesidir. Kanun aracılığıyla kurulmuş bütün ilişkiler gibi bunun bir zorunluluk olduğunu iki tarafın da kabul etmesi gerekir. Bu ilke, daha çok üstün deneyimi, askeri yiğitliği ve iyi ahlakı ast tarafından kabul edildiği zaman gerçekleşir. Kendini astlarına saydıracak kişiliğe sahip olmayan ve bunun güvenini kendi içinde duymayan bir üst veya amir, astlarına yaklaşmaya çekinir. Kendine saygı duyulması amacıyla, bazı gösterişli tavırlara başvurur. Böylece kendini eleştirilerden koruduğunu zanneder.

Müfreze ve kol komutanlarının bir baskında müfrezesinin en önünde bulunması askeri usullere sığmaz gibi görünür. Bu klasik ordular için böyledir ve buna inanılmıştır. Burası artık sizin için askerlik değil yolun sonudur, son hamle ve beklenen sonu arayıştır. Sizler hep en önde olmalısınız. Bu yol ise ölüm ve şehadettir belki de. Onun içindir ki bu tavırda; hesap, mantık ve nefsi koruma endişesi olmamalıdır. Yapacaklarınız o nedenle hem bir tarih, hem bir efsane, hem de bir dramdır. Denilebilir ki, bütün doğru ve yanlışlarıyla bu türlü büyük kader mücadelelerinde doğru ve yanlış bile tam ölçü değildir. Şimdi gök kubbe altında, bugüne kadar kaybettiğimiz genç askerlerimizden kalan seda, işte bu kanlı mücadelenin hâlâ dağlarda yaşayan yansımasıdır.

İnsan, zayıflığı reddedip bir kere güçlü oldu mu, hep güçlü olarak kalır.

İnsanların da dört mevsimi vardır. Çocukluk, gençlik, yetişkinlik, yaşlılık… Bu dağlar, çocuklarımızı daha gençlik mevsimlerindeyken elimizden aldı.

Şan ve şöhret denilince sıradan bir insanın aklına şövalyelik gelir ama bu onların sandığı gibi değildir. Şan ve şöhrete en yatkın olan halktır. Çünkü şan ve şöhretin akılla ilgisi yoktur, bu duygusal bir iştir.

Şunu unutmayın! Bir hiç, bazen çok büyük olayların gerçekleşmesine sebep olabilir. İnsan büyük bir işte, daima tesadüfe bir pay ayırmak zorundadır. Zor ve büyük işler, iyice pişmemiş birtakım çıtkırıldımlarla olmaz. Yarın sizin için, 'büyük mücadelede vardı,' denilecek. Gelecek nesillerin hatıralarında kalacak kadar büyük bir iş üstlenmiş durumdasınız.

Sizlere son olarak söyleyeceklerim ise şunlardır: Dünyanın bütün ordularında subay ve generaller üçe ayrılır. Birinciler, körü körüne boyun eğen, her söylenene inanıp kanan, işin kolayına kaçan askerlerdir. İkinciler, yükselme tutkunu ve oportünistlikle kıvranan, siyasetle de ilgilenen askerlerdir. Üçüncüler, yurt sevgisini ahlâk ilkesi olarak uygulayan bilinçli askerlerdir.

Dış destekli yıpratma savaşı bütün hızıyla sürüyor. Bizim de yaralı aslandan farkımız yok. Aklı başında insanlarımız ise manen bitkin bir halde."

Sonra müfreze komutanına döndü.

"Her şey tamam mı Tayfun?"

"Tamam komutanım. Yarın havanın kararmasıyla birlikte alana hareket edeceğiz."

Gizlemeye çalışsa da başaramadığı hüzünlü ve yumuşak bir sesle ekledi:

"Ayrılmadan önce rütbeli rütbesiz herkesin aileleri ve sevdikleriyle haberleşmesini mutlaka sağlayın."

"Bunu kesinlikle yapacağız komutanım."

Üç subay barakadan çıkıncaya kadar ayakta, arkalarından baktı. Uzun süre öylece durdu. Yıldırım hızıyla, katıldığı çarpışmalar zihninden geçti. Oturmadan önce, "Allah yardımcıları olsun," dedi.

Sabaha karşı çıkan rüzgâr, aniden beliren kar bulutlarını götürmüştü. Bin bir yıldız canlı ve soğuk bir şekilde parlıyordu. Ay küçük bir bulutun arkasına saklanmış, bu bulutun çevresinde bir hare yaratmıştı. Gün ağardığında ise havanın ne yapacağını kestirmek çok zordu.

～◉⌒～

Sabaha karşı dönen Buzkıranlar halen istirahatteydi. Balabanların bazıları uyanmış, ateşi tazelemeye ve çay yapmaya çalışıyorlardı. Müfreze komutanı, teğmeni yanına çağırdı.

"Aykut, senin kol bugün arazi keşfine çıkacak!"

"Emredersiniz komutanım."

"Biz şu anda Çığlı Suyu'nun aktığı vadi tabanının üstünde bir mevkideyiz. Bizim topraklarımızda kuzey güney istikametinde akan bu çay, sekiz on kilometre sonra sınırımızdan çıkıp Kuzey Irak'a geçiyor. PKK, Kuzey Irak'taki merkez kamplarından biri olan Mezi Karyaderi (Avaşin) kampından bizim topraklara girişi Çığlı Suyu Vadisi'ni kullanarak yapıyor. Hatta bazen Zap (Şive) kampında üs tutan gruplar da bu mihverden giriş yapıyorlar. Buzul Dağları'nın güneyi, Sat Dağları'nın batısı, Rejgar, Tove Dağları ile Han Yaylası arasında bulunan Oramar (Alandüz) her zaman Hakkâri bölgesindeki en aktif kamplardan biri olmuştur. Bu kamptan Han Yaylası'nı kullanarak Çukurca'nın kuzeyine, Hakkâri'nin batısına, keçi ve eşek gediklerinden geçerek de Yüksekova'ya ulaşıp eylem yaparlar. Şu anda, Oramar'da bir PKK grubu var mı yok mu bilmiyoruz ama çok iyi gizledikleri mühimmat ve erzak depolarının olduğu kesin."

"Gidip o yerleri bulalım o zaman komutanım."

"Zamanı gelince onu da yaparız ama bizim işimiz öncelikle elinde silah taşıyanlar. Ayrıca bu hava koşullarında, yüzlerce sığınak ve gömünün yer aldığı Oramar'da arama yapmak, ki orası uçsuz bucaksız bir alandır, yirmi kişilik bir müfrezeyle haftaları, hatta ayları alabilir. Kışın Oramar'da herhangi bir grup bırakmasalar dahi, Kuzey Irak'takilerin orayı zaman zaman kolaçan edeceklerini hesaplıyorum. Senin yapacağın, bulunduğumuz yerden daha aşağılara, Çığlı Vadisi'ne giderek bu vadiyi güneye doğru sıçramalarla yer değiştirerek gözetlemek ve keşfetmektir. Bir gece o güzergâhta kalabilecek gibi hazırlanın. Gözetlemeyi hâkim tepelerden yapın. Tabana inmek durumunda kalırsanız, kat düzeni uygulayın, keskin nişancı ve makineli tüfekçi daima yukarıda olsun."

"Kolu, beşerli iki kısma ayırıp vadinin iki tarafından gözetleme yapmaya gerek var mı komutanım?"

"Hiç gerekmez. Tek tarafta kalın, iki gözetleme noktası tesis edin. Doğru mevkileri tutup açık ve kapalı kesimleri görebildikten sonra, ikiye ayrılmaya bir neden kalmaz. Bizim bulunduğumuz tarafta durun ki ters giden bir durum olursa buradan müdahale edelim."

Başka soracak bir şey olmadığından teğmen, "Baş üstüne," deyip ayrıldı.

Balaban kolu bir saati geçmeden sığınak olarak kullandıkları kayalık dehlizden hareket etti. Sert bir rüzgâr altındaydılar. Rüzgâr yerlerdeki karı dalga dalga etrafa ve yürüdükleri patikaya çarpıp duruyordu. Rüzgâr bodur çalılıklara vurdukça yüksek sesle uğulduyordu. Gün, henüz griydi ve uyuyordu.

Öndekilerin açtıkları kar izlerini takip ederek sonsuz gibi görünen vadi tabanına doğru inmeye devam ettiler. Baş aşağı indikçe, arkalarında bıraktıkları izler kardan birer merdiven halini alıyordu. Karda yamaçlardan aşağı inmek çok daha sıkıntı yaratıyordu. Kayma ve yuvarlanmalar oldu ama ciddi bir sıkıntı olmadı. En arkadan gelenler daha şanslıydı, öndekilerin ayak izlerinden oluşan basamakları kullanıyorlardı.

Vadinin tabanı rüzgârsız ve karsızdı. Oramar'ın güneyinden başlayarak bizim sınırımızı terk ettikten sonra da devam eden bu heyula, vadinin her iki yanının da ortaçağ kalelerinden farksız görünmesine sebep oluyordu. Duvarları yer yer girintili çıkıntılıydı, tabandan bakıldığında ürkütücü, koyu renk yalçın kayalarla kaplı bu vadiye, dar ve derin bir boğaz da denilebilirdi. Hem bizim topraklarımızdaki bölümü hem de Irak'taki kısmı düşünüldüğünde çok uzun sayılırdı.

Kol komutanı teğmen, kolu ikiye ayırdı. İlk noktayı dere yatağını takip ederek kıvrıla kıvrıla giden patikanın hemen üstünde, yirmi metre yukarıda seçti. Burası inişli çıkışlı, parçalı bir kayanın arkasıydı. Yanlarından sağa ve sola azami gözetleme sağlıyor ve her çeşit silaha iyi ateş imkânı veriyordu. Buraya kendisi, Başçavuş Mustafa, Sağlık Çavuşu Ahmet, komando erleri; Hasan, Necip ve Burak yerleşti. Onların otuz metre üstünde uygun bir mevkiye de; Asteğmen Murat, keskin nişancı Kanaslı Uzman Çavuş Ziya, makineli tüfekçi Uzman Onbaşı Cengiz ve havancı Komando Er İrfan tertiplendi. Bu nokta da iyi gözetleme ve atış koşullarına sahipti. Arazi her iki yere de tam gizleme ve örtü sağlayacak durumdaydı.

Önce herkes yarım saat kadar, üç yüz altmış derecelik alanı, bazen çıplak gözle bazen mevcut el dürbünleriyle taradı. Göz aşinalığı ve göz algısı önemliydi. Zihin bu taramayı alır ve zamanı gelince yardım ederdi. Hangi şekil, ne kadar mesafede? Arazinin kanatları nerede açılıyor, nerede kapanıyor? Ölü bölgeler nerelerde? Bulunduğumuz yerlerden aşağı hareket etmek zorunda kalırsak hangi yönü kullanacağız? Tersine geri çekilmek zorunda olduğumuzda arkamızdaki kayalıkları nasıl kullanabileceğiz?

Son bir kez daha silahlarını ve mermilerini kontrol ettikten sonra, her iki noktada birer dürbünlü gözcü bırakarak istirahate çekildiler. Bulundukları yerlerde karın bir hükmü yoktu ve zemin kayalıktı. Dağ çadırlarının üzerine koydukları sırt çantalarına oturarak beklemeye başladılar.

Sığınakta, Yüzbaşı Tayfun'un etrafında Üsteğmen Metin, Asteğmen Tekin ve Üstçavuş Ömer vardı. Üsteğmen Metin dün geceki görevleriyle ilgili ayrıntıları anlattıktan sonra yüzbaşı anlatmaya başladı:

"Bölgeye ilk gelişimdi, yıllar önce... Üsten karanlıkta hareket ettik. Birlik sessizce, birer ikişer kol başlarını izliyordu. Kol başlarında kılavuzlar vardı. Haritaya göre üç saat sonra bir doruk çizgisindeki boyun noktasını geçeceğiz sanıyorduk. İki katı uzaklıkta yol aldık ama yine yokuştan kurtulamadık. Dağa çıktıkça çevrenin görüntüsü hem güzel hem de yabani bir hal alıyordu. Her taraf, derin ve yalçın derelerden oluşmuş gibi görünüyordu. Biz kar ve buz kayalarıyla örtülü olan bütün dereleri, tepeleri ve sonra birçok alçak dağı ayağımızın altında görüyorduk. O zamanlar, bu dik ve derin karlı dağ yollarından askerlerin nasıl çıkacağına aklım ermiyordu. Buna rağmen biz zahmetle, güçlükle, fakat disiplin ve düzenden ayrılmayarak tırmanıyorduk. En sonunda zirveye çıktık. Fakat bizi, arka tarafı iniş olan bir boyun noktası değil, çok geniş ve uçsuz bucaksız bir kar yaylası karşıladı. Pek yorulmuş ve takatsiz kalmıştık. Tam yayla üstünde, bizi keskin bir rüzgâr ve şiddetli bir tipi karşıladı. O andan itibaren göz gözü görmez oldu. Kimsenin kimseye yardım etme hatta söz söyleme ve sesini duyurma olanağı yoktu. Yürüyüş kolunun düzeni bozuldu. Subaylar çok uğraştı çünkü kimsede sesini duyurma gücü kalmamıştı. Önümüzde uzanan sonsuz kar deryasını herkes gördüğü için, erler dahil hepimiz içgüdü ve sezgilerimizi kullanarak aştığımız boyundan gerisin geriye dönmeye karar verdik. Yamaçtan aşağıya doğru yürüyerek daha sakin yerlere çekildik. Bazı askerlerin ayak ve parmak uçlarında başlayan ufak tefek donma emareleri dışında, başkaca bir zarar görmedik fakat herkes bir kere daha, 'Dağlarda dağların kanunu geçer,' doğa yasasını yaşayarak gördü."

Soluklanan yüzbaşı, Asteğmen Tekin'e dönerek, "Evinden ayrılırken, sana ne söylediler?" diye sordu.

"Gözyaşları arasında evden ayrıldım komutanım. Ben ne kadar sevinerek gidiyorsam ev halkı da o derece mutsuz ve üzgündü. Televizyon ve gazetelerde her gün çıkan şehit ve yaralı haberleri, herkes gibi bizimkilerin de psikolojisini bozmuştu. Çocukluğumdan beri birçok kez evimden ayrılmıştım ama bu seferki ayrılış öncekilere benzemiyordu. Ağlamaların bana da sıçrayacağından korkarak kendimi dışarı attım. Arkamdan gelenek icabı su döküldü, dualar edildi."

Müfreze komutanı bu kez, Üstçavuş Ömer'e döndü, "Baban ne iş yapıyor?" diye sordu.

"Babam yetmiş yaşında komutanım. Yetmişinde bile her Allah'ın günü tarlada hava kararıncaya kadar çalışır. İki büklüm bir adam düşünün komutanım. Annem ileri derecede astım hastası olduğundan ev işlerini ablam yürütür. Kendisine gelen talipleri de bu yüzden geri çevirdi. Ben zaten bekârım. Bu gidişle de zor evlenirim. Ablam ve benim bu durumumuzdan en çok babam ve annem hoşnut değil. Torun yüzü göremedikleri için... Torun deyince komutanım, Uzman Onbaşı Cemil'in üç ay önce bir çocuğu oldu. Resmini iç cebinde taşıyor ve her önüne gelene onu gösteriyor. Kendisi daha onun yüzünü görmedi. Görmediği yavrusunun resmini herkese göstermeye bayılıyor."

"Cemil'i yanıma çağır bakalım."

Üstçavuş Ömer, yarı karanlık bir yerde makineli tüfeğinin mermi şeritlerini cephane kutusuna istif etmeye çalışan Uzman Onbaşı Cemil'in yanına giderek, "Komutan seni istiyor," dedi.

"Hayrola, bir şey mi oldu?"

"Yok canım, bir şey yok!"

Müfreze komutanının yanına vardıklarında yüzbaşı sevecen bir tavırla, "Otur bakalım Cemil. Gözün aydın," dedi.

Cemil hemen anladı ve gözleri parladı.

"Sağ ol komutanım. Allah herkese nasip etsin."

"Biz de görelim, şu delikanlıyı. Herkese gösteriyormuşsun."

"Erkek değil kız komutanım."

"Senin kızın da delikanlı olur, Cemil."

"Sağ olun komutanım. Karım hastaydı. Geçen bayram arifeden bir gün önce doğum yaptı."

"Niye izne gitmedin, o zaman!"

"Yeni dönmüştüm. Sıra başka arkadaşlardaydı."

"Görevden döner dönmez hemen izne gideceksin, anlaşıldı mı? Ben de göreyim şu ay parçasını, çıkar bakalım."

Cemil bunu bekliyordu. Bir hamlede sağ kolunu üniformasının iç cebine attı ve bir naylona sarılmış olan fotoğrafı yüzbaşıya uzattı. Yüzbaşı kundağa sarılı, yuvarlak yüzlü, iri gözlü bir çocuk gördü fotoğrafta. Sonra, "Kime benziyor Cemil?" dedi.

"Annesi bana benzetiyor, ben ise annesine benzetiyorum komutanım."

Yüzbaşı fotoğrafı uzanırken, "Allah bağışlasın. Bahtı açık olsun. Ama şunu söyleyeyim. Sizler bizim müfrezeye değişik birliklerden seçildiniz. Doğan çocuğunu hiç görmediğini bilseydim seni müfrezeye almazdım."

"Olsun komutanım, dönünce gider görürüm."

Yüzbaşı içinden, *inşallah,* dedi.

Cemil yerine giderken müfreze komutanı seslendi: "Ne iş yapıyordu senin baban?"

Cemil dönüp hazır ola geçti.

"Biz eski bir marangoz ailesinden geliyoruz komutanım."

~⊚⊚~

Balabanların bulunduğu vadi tabanındaki sis, öğleden sonra dağılınca ortalık daha bir netlik kazandı. Görüş alanları iyice berraklaştı, en uzak mevkiler bile ayrıntılarıyla ortaya çıktı.

Komando Er Burak, sol yanında omuz omuza durduğu Necip'e, sadece ikisinin duyabileceği bir sesle, "Biz burada ne yapıyoruz?" diye sordu.

"Milletten yediğimiz ekmeği helal ettirmeye çalışıyoruz," dedi Necip.

"Bu bilinmez ve karlı dağların heyulalar gibi korkunç ve karanlık vadileri içinde, bizden kimin haberi var ki? Başkalarının deveyi havuduyla yuttuğu bu ülkede ekmeği helal ettirmek için bizim yaptıklarımızı mı yapmak gerekiyor ha?"

Necip'in duygularına biraz kuşku karıştı. Kuşkulu olmamasına da imkân yoktu. Burak'ın söylediği de yanlış değildi.

Burak, "Şimdi var ya Necip, şişman pirelerle dolu bir yorganın altında uyumaya bile razıyım," dedi.

"Birkaç güne kalmaz, pireler yerine dikiş yerlerinden başlayarak çamaşırlarının her tarafında konuşlanacak olan bitlerle yetinmeyi öğrenirsin."

"Ölünce bol bol uyurum nasıl olsa!"

"Yarın geberdiğin zaman seni tanıyabilmeleri için tıraş da olsan fena olmaz. Böyle ahmak ahmak konuşup tepemin tasını attırma! Canımı sıkma benim!"

Burak'ın yüzünde çokbilmiş bir gülümseme belirdi ve, "Kımıldamayalım, hiç kımıldamayalım! Kımıldamazsak, kütük zannederler bizi!" Sonra da mırıldanmaya başladı:

"Kara tren gecikir belki hiç gelmez
Dağlarda salınır da derdimi bilmez
Dumanın savurur halimi görmez
Gam dolar yüreğim gözyaşım dinmez."

Durup yutkundu: "Ne denir Necip! Belki de gelip bizi bulamayacaklar! Olmayan şeyi nasıl bulunsunlar ki?"

"Sus ulan şom ağızlı. Biraz daha devam edersen askerliği filan unutup senin suratını çarşamba çanağına çeviririm."

Dağların ihtişamı, dar ve derin vadilerin ıssızlığı, ortaklıkta sanki anlaşmışlar gibi hiçbir canlının görülmemesi, yönü hiçbir zaman kestirilemeyen rüzgârlar, karla kapanmış derin çukurlar... Hepsinin ötesinde ise sonsuz bir sessizlik insandaki yalnızlık duygusunu zirveye çıkartır. Yalnızlık ama etrafında başkaları varken bile, etrafın onlarca yüzlercesiyle sarıldığı zamanlarda bile yalnızlık... Bu duygu etrafta birtakım uğursuz rüzgârların estiği duygusunu kırbaçlar. Vehim, şüphe ve ümitsizliği davet eder.

Tek tük kar atıştırmaya başlamıştı ve gözetledikleri vadinin rengi, yükseklerden grinin en açık tonundan başlayarak en koyusuna doğru gidiyordu. Henüz görüş alanları daralmamıştı ama bir iki saate kalmaz ortalık kararacaktı.

Mustafa Başçavuş, Teğmen Aykut'un yanındaydı.

"Bugün iyi geçeceğe benziyor teğmenim," dedi.

"Mustafa Başçavuşum, benim rahmetli dedem, 'Akşam olmadan günü övme,' derdi hep."

"Çok doğru söylemiş rahmetli: Hele buralarda!"

"Başka bir sözü daha vardı ki, tam da bizim mücadelemize ışık tutacak bir laf: 'Kargalar, saçma yedikleri dala bir daha konmazlar.' Bu söz baskın ve pusu yerlerinin seçimleri için ne kadar hayati değil mi?"

"Teğmenim rahmetli dedeniz gerçekten bilge bir adammış."

"Kolay değil tabii. Balkan Harbi'ni, Birinci Dünya Harbi'ni, İstiklal Savaşı'nı yaşayıp görmüşler. O nesli hayat yetiştirmiş."

Konuşma devam edip gidecek gibi görünüyordu ki, gözcülük sırası kendisinde olan Komando Er Hasan iki büklüm eğilerek heyecanlı bir halde yanlarına geldi.

"Teğmenim, sol dip köşeden görüntü aldım!" Teğmenle birlikte başçavuş fırladı. Görüntü doğruydu. Teğmen yukarıdaki noktada bulunanlara baktı. Onların da gördükleri anlaşılıyordu. Bu kez dürbünle baktı. Vadi tabanını takip ederek patika yolda bulundukları mevkiye doğru yaklaşan bir adam ve arkasında, birbiri ardından gelen yüklü iki katır vardı. Siyah bir köpek de önden gidiyordu. Ağır ağır yürüyorlardı ve bulundukları noktadan en fazla yüz elli iki yüz metre uzaktaydılar.

Teğmen Aykut:

"Kaçakçı gibi ama belli olmaz! İç bölgedeki gruplara ikmal yapıyor da olabilir. Bir de gerisi var mı yok mu? Bunu görmemiz lazım."

"Doğru her şey olabilir"

"Aşırı çabadan doğan gereksiz bir acemilikle hareket etmeye meydan vermeyelim. En önemli şey bunların ardından gelen birilerinin olup olmadığı. Sen iki asker alıp bulunduğumuz yerin sağından yola kadar in ve gizlen. Ben bunların gerisinde kalan yolu kayalıkların artık görüşe engel olduğu noktadan itibaren gözetleyeceğim. Kimse yoksa hemen senin yanına geliyorum. Üst noktadakiler biz aşağıdayken yolun tümünü gözetleyecek ve ateş altına almaya hazır halde bekleyecekler."

Mustafa Başçavuş, "Baş üstüne," diyerek sağ tarafa seğirtti.

Teğmen yukarıdan kendisine bakanlara, sağ eliyle yaklaşanların istikametini gösterdi ve iki elini dürbün yaparak gözlerinin hizasına getirdi. İşaretler açıktı: "Geliş istikametini gözetlemeye devam edin!"

Siyah sessiz gölgeler hiç acelesiz, kendinden emin bir şekilde ilk noktaya elli metre kadar yaklaşınca teğmen, çevik hareketlerle Mustafa Başçavuş ve iki komandoyu gizleyen kayalığa geldi.

Yaklaşanlar, tam hizalarına geldiğinde, "Bir şey olacağını sanmıyorum ama sen gene de tetikte dur Mustafa Başçavuş," diyen teğmen kendini yola attı.

Mustafa Başçavuş kol komutanı teğmeni çok iyi tanıyordu. Sert bir ceviz kadar sağlam... Gözü hiçbir şeyden yılmazdı, eşsiz bir cesareti vardı. Bu nedenle onun şimdi de tek başına yola atlamasını hiç yadırgamadı. Çok temiz, yaradılıştan saf, zeki ve belleği çok kuvvetli bir çocuktu. Görevlerinin ağır sorumluluğunu üstlenebilecek bir ruh yapısı vardı.

Teğmenin aniden yolun üzerinde belirmesine köpek hariç hiçbiri tepki vermedi. Önce şaşırıp geriye kaçan köpek, sonra bir hamleye yeltendiyse de adam anlaşılmayan bir şey söyleyince süt dökmüş kedi gibi oldu.

Teğmen bulunduğu yerden, "Olduğun yerde kal ve davranma!" diye bağırdı.

Bu söz söylenmeden de onlar zaten bulundukları yerde donup kalmışlardı.

"Üstünde ve hayvan yüklerinin içinde silah var mı?"

"Yoktur beyim."

Teğmen tüfeğinin namlusunu yere doğru tutarak adama yaklaştı. Köpek adamın ayağının dibinde arka ayakları üzerine oturmuş bekliyordu. Artık gelenin yüzünü yakından çok iyi görebiliyordu. Yaşlı bir adamdı.

"Hayrola babalık! Tek başına burada, bu saatte ne arıyorsun? Yol nereye?"

"Köyüme gidirem."

"Arkandaki katırlar ve sırtlarındaki yükler kimin?"

"Benimdir komitan."

"Nereden yükledin bu malları?"

"Irak'tandır, komitan."

"Sen yaptığın bu işin kaçakçılık ve kanunsuz olduğunu bilmiyor musun?"

"Geçimim için şarttır komitan."

"Sınırı geçerken PKK da haracını almıştır herhalde, değil mi?"

"Aldı, komitan."

"Ne verdin onlara?"

"Param olmadığı için malların bir kısmını. İşlerine gelenleri aldılar."

Sen bu işi ne zamandan beri yapıyorsun?"

"Kendimi bildim bileli."

"Çok badireler atlatmış olmalısın, yani çok tehlike."

"Tehlike! Ne sen sor ne ben söyleyim komitan!"

Teğmenin bir kol işaretiyle zaten sabırsızlıkla bekleyen başçavuş ile iki komando koşarak yanlarına geldi. Erler katırların iki yanına gelince başçavuş çuval ve denkleri elle üstten kontrol etmeye başladı.

"Neler var peki bu yüklerin içinde?"

"İki bidonda mazot var. Diğerleri bakır, sigara, çay, kıyılmış tütün, Kâbe hurması…"

"Kaç gündür yoldasın?"

"Altı gündür komitan."

"Çok uzun değil mi?"

"Çok daha uzunları olabilir. Bu vakitte normaldir komitan."

"Seni bıraksam ne yapacaksın?"

"Ne edebilirim ki, köyüme ulaşmaya çalişirim."

"Hep bu yolu mu kullanıyorsunuz?"

"Genelde öyledir."

"Bu vadiden geçerken başkalarına da rastlıyor musun?"

"Burası Pekeke'nin yoludur! Avaşin-Oramar gidiş gelişi hep buradandır komitan!"

Teğmen Aykut, bu net ve inançla söylenmiş söz üzerine durakladı. Aslında müfreze komutanı söylemişti ama şimdi işin içinde olan birinden duymaktaydı.

Yolun ortasında bulunanlardan belli bir mesafe uzaklaşıp kriptolu mesaj gönderdi.

"Bir şahıs, iki katır ve yük, elimizde... Gönderiyorum... Gece burada kalmam uygundur."

On dakikayı geçmeden cevap geldi: "Gönderin, kalın. Size doğru gelenlere teslim edin."

Mustafa Başçavuş, "Kaçak mallar dışında bir şey yok teğmenim," dedi.

Hava iyiden iyiye kararmıştı. Kar yağıyım mı yağmayayım mı der gibi nazlı nazlı serpiştiriyordu.

Teğmen Aykut, "Mustafa Başçavuşum, yukarıdakilerden Uzman Çavuş Ziya, yanına bir de asker alsın ve bunları müfreze komutanına götürsün. Makineli tüfek nişancısı Uzman Onbaşı Cengiz'in yerinde kalması lazım. Birkaç saat de olsa onu buradan, yanımızdan ayıramayız. Bu gece bulunduğumuz mevkide kalacağız. Buzkıranlar bizimkileri karşılamaya gelecekler. Emaneti teslim eder etmez hemen dönsünler. Asteğmen Murat ve beraberinde bulunanlar da bizim tertiplediğimiz noktaya insinler," diye emir verdi.

Teğmen Aykut yaşlı kaçakçıya, "Bir süre bizim misafirimiz olacaksınız," dedi.

Öbürü, "Olur komitanım, başım gözüm üstüne," diye cevap verdi.

"Senin katırların çok sakin görünüyor, köpeğin de çok uysal, hiçbiri huysuzluk yapmadı. Hele de katırlar! Hep böyle mi bunlar?"

"Nasıl yapsınlar ki, bunlar da benim gibi, yaşlı ve güngörmüşlerdir beyim. Bizden, senin gibi ateşli olmayı bekleme!"

Kısa bir süre sonra Uzman Çavuş Ziya ve Komando Er Hasan ile refakatindeki katır kolu, vadi yolundan ayrılarak ilerlediler dağların eteğindeki patika yola girip tırmanmaya başladılar. Tepelere doğru çıktıkça etraftaki karın beyazlığı çevreyi daha aydınlık gösteriyordu. Tek tük yanıp sönen yıldızlar dışında gökyüzü bulanıktı. Onlar da sağa sola hızla dönüp duran bulutlardan fırsat bulabilirlerse yüzlerini gösteriyordu. Ay henüz ortalıklarda yoktu.

Üst noktada bulunanlar yanlarına inmeden önce Burak, "Ahmet Çavuş, kaçak malların içinde sigara ve çay da varmış. Birazını biz alsak ne olurdu sanki! Biz yakaladığımıza göre ganimet sayılmaz mı? Savaştayız deniliyor ya hani!" dedi.

"Ulan sen var ya sen, denize atsalar bir avuç kum alıp çıkarsın. Teğmen senin bu dediklerini duysa o katırlardaki yükleri senin sırtına vurur, müfreze komutanının yanına öyle gönderirdi."

"Tamam be çavuşum! Size de hiç şaka yapmaya gelmiyor."

Buzkıranlardan hareket edenlerle Balabanlardan gelenler bir saat içinde karşı karşıya geldiler. Emanet Buzkıranlara teslim edilince Uzman Çavuş Ziya ve Komando Er Hasan geri döndü.

Katırları kayalık dehlizin girişinde tutarak yaşlı kaçakçıyı yüzbaşının yanına, içeriye götürürlerken köpek de sahibi ile gitmek istedi. Köpek sahibinin ikazını bu defa dinlemedi ve içeri dalmaya çalıştı. Yüzbaşı gördü ve, "Bırakın o da gelsin," dedi.

Uzmanlar dahil, rütbelilerin hepsi yüzbaşının etrafını çevirmiş oturuyorlardı. İçeride, duvar kenarında birkaç metre aralıkla mumlar, oturdukları yerin biraz ilersinde de bataryalı aydınlatma fenerleri yanıyordu. Daha ilerde de köze dönmüş bir ateş vardı.

Yüzbaşı yaşlı kaçakçıya, "Oturun," dedi. Adam tam karşısına çömeldi. Köpek de yanına oturdu. Sanki söz ona söylenmişti.

"Önce şunu sorayım. Hiçbir kaçakçı yanında köpek taşımaz. Sen nasıl oluyor da yanında bir köpekle kaçağa gidiyorsun?"

"Haklısınız komitan. Havlar, sağa sola sataşır, koldan oraya buraya hırlar diye düşünüyorsun. Ama o beni, bir insandan daha çok dinler ve benim uyarım olmadan mümkün değil havlamaz ve hiç dibimden ayrılmaz."

"Ama dehlize girerken seni dinlemedi."

"O normaldir komitan. Benim başıma bir şeyler gelebileceğini sandı. Sizler, mağara, yarı karanlık, yanan çıra gibi şeyler ona 'tehlike var' işaretleri verdi."

"Rahat ol! Şu sıralarda bu dağlarda ve ağır iklim koşullarında en güvenli yerdesin. Çay içer misin? Biz de içelim. Arkadaşlardan biri baksın bakalım şu çay işine."

Uzman Onbaşı Cemil hemen yerinden fırlayıp isten kararmış çaydanlık ve demliğin yanına geldi.

"Hangi köydensin sen?"

"Pekeke işi çıkmadan Oramar Çanaklı köyünde yaşardık. Şimdi Yemişli'de yaşarız."

"Bence, artık sen bu işi bırakmalısın, yaşlanmışsın."

"Ben bırakırsam evi kim geçindirecek komitan? Eskiden birkaç hayvan var idi. Kaçağa az çıkardık. Bölgede heç hayvan kalmadı ki, yaylaları hiç kullanmıyoruz ki... Devlet bir yandan Pekeke diğer yandan. Öldü bitti hayvancılık. Siz de bilirsiniz ki hayvancılık öldü. Geçim de öldü. Dağlardan yer mi var ki başka şeyler ekip biçebilelim. Kaçakçılık, yağmacılık dedelerimizin dedelerinden önce de vardı. Ama şimdi arttı da arttı. Kim ister ki üç kuruşluk mal için bir candarma kurşunuyla adı sanı bilinmez bir dere çukurunda can vermeyi."

"Artık belli bir yaşa gelmişsin. Hiç değilse sen yapma."

"Kimse yoktur ki hanede beyim. Kocakarıdan başka evde bir kötürüm kız var. Diğer iki kız gelin gitti, göçtü. Oğlan ise askerde, terhisine çok kalmadı ama."

"Nerede askerlik yapıyor?"

"Trakya'dadır beyim. Bilirim ki askerden sonra o buralara adım atmaz. Gelse ne yapacak ki?"

"Oğluna ablaları para gönderiyor mu?"

"Askere gitmeden onlara uğramıştı. Verdiler mi bilemeycem. Ama ben elime geçtikçe gönderiyorum. Askerin parası olursa, ona askerlik kolay gelir."

Herkes gayriihtiyari birbirine baktı. Belli etmemeye çalışsalar da hüzünlendiler.

"Bunların hepsini satsan ne kazanırsın?"

"Hiç belli olmaz beyim. Ama ele üç beş kuruş geçer. Yıllardır bir de Pekeke tebelleş oldu ortalığa, o da bizden haraç keser. Bizim elimize ne geçtiğini bilmezmiş gibi... Sınırda güya gümrükler açmış. Gelenden geçenden vergi diye para topluyor."

"Vermeseniz ne olur?"

"Aman aman, vermeyince başımıza ne geleceği oradaki gözü dönmüşlerin keyfine kalmıştır."

"Peki, sen ne diyorsun bu bölücü örgüte ve yediği haltlara. Sen güngörmüş birisin, bu bölgenin vatandaşısın. Olup biteni yıllarca gördün, yaşadın."

"Ben ne diyebilirim ki! Hökümet işi haline geldi. İlk zamanlar çalı çırpı ateşinden farksızdı. Yıllar içinde büyüdü. Orman yangınından farksızlaştı. En doğrusunu sen bilirsin beyim."

"Senin nasıl gördüğün bizim için önemli. Onun için soruyorum."

"Bu dağlarda her zaman eşkıya, yağmacı olmuştur. Hırkızlık, kız kaçırma, adam öldürme gibi sebeplerden... Kaçabildikleri kadar kaçmışlar, saklanabildikleri kadar saklanmışlardır, kendilerine yataklık yapanlar da çıkmıştır. Ama sonunda ya candarma tarafından vurulmuşlar veya teslim olmak zorunda kalmışlardır. Her aşiret, eğer kendi mensubu ise eşkıyasını korumuştur. Pekeke başkadır, bunlardan değildir. Köyde, mezrada, yaylada kime rastladılarsa, 'Kürdistan'ı kuracağız, bize destek olun,' demiştir. Karşı çıkanları, devletten yana olanları; çoluk çocuk, kadın erkek, genç yaşlı demeden katletmiştir. Evleri barkları yakmıştır yıkmıştır. Bebeklere bile acımamıştır. Şiddeti ve asıp kesmeyi her geçen yıl artırmıştır. Şiddet, öldürme, adam kaçırma işi arttıkça halk korkudan, can ve mal derdinden yavaş yavaş Pekeke'ye destek vermek zorunda kalmıştır. Ona haber uçurmuştur. İsteklerini gönülsüz de olsa yapmaya başlamıştır. Ah... Ah... komitan! Hökümet ne olup bittiğini anlamadı. Önünü kesecek tedbirleri alamadı. Baskı ve şiddeti kim yapıyordu? İlk zamanlar dört beş kişilik silahlı çeteciler. Sonra, bu dört beşler, oldu sekiz on, yirmi otuz, altmış yetmiş... Her geçen sene arttı da arttı bu sayılar. Sayılar arttıkça da halkın devlete olan güveni kayboldu ve bugünlere geldik. Artık orman yanıyor beyim, orman yanıyor! Devlet güçtür, kudrettir beyim. Hep böyle bilirik, hep öyle görmüşüzdür. Pekeke ne yaparsa yapsın, devletin askerinin, candarmasının, polisinin, mahkemelerinin tırnağı bile olamaz! O zaman, nedir bu bizim çektiklerimiz? Ve yıllardır kaybolan huzurumuz? Ben ne diyeyim komitan? Ben ne söyleyeyim?"

Yaşlı kaçakçı, kilim gibi olup biteni ortaya sermişti. Bu arada getirilen çaylardan ilki yüzbaşının işaretiyle ona verildi. Gözetleme ve dinleme görevleri biten askerler de içeri girip ileride köz halindeki ateşi kuvvetlendirerek ısınmaya çalışıyorlardı. Yaşlı adam verilen çayı bir solukta içti ve mahcup bir şekilde bardağı yere bıraktı. Yüzünden bakışını ayırmayan köpeğinin başını birkaç kere okşadı. Köpek kuyruğu ile mutluluğunu anlattı.

İçtiği çay ihtiyar adamın canlılığını artırmıştı. Devam etti:

"Komitan, hatta işin nerelerden nerelere geldiğini anlatayım sana, Pekeke'nin ortaya çıktığı ilk yıllardan biriydi. Bizim yukarı köylerden, o zaman benim yaşlarımda olan bir köylü yayladan eşeğiyle beraber evine giderken üç Pekekeli yolunu kesiyor. Diyorlar ki, 'Emce biz Pekekeliyiz. Senin eşeğine el koyduk. Onu bize teslim et.' O da, 'Ne yapacaksınız siz benim eşeğimle?' diyor. Onlar da, 'Nakliye yapacağız. Cephane ve erzak taşıyacağız,' diye cevap veriyorlar.

Bunun üzerine, 'Bu Pekeke ne yapacak ki, siz benim eşeğimi almaya kalkıyorsunuz,' deyince Pekekeliler, 'Biz devlet kuracağız!' lafını söyler söylemez adam 'Allah sizin belanızı versin, bir eşeğiniz bile yok, devlet kurmak için benim eşeğimi almaya kalkıyorsunuz. Hastir ordan,' diyerek bir odun parçası ele geçirip bunları kovalıyor."

"Bir eşeğiniz bile yok. Devlet kurmaya kalkıyorsunuz," sözüne herkes elinde olmadan güldü. Ama bu, buruk ve hüzün taşıyan bir gülmeydi.

Yaşlı adam sanki bir doğa olayını anlatıyordu. Önce gökyüzünde küçük renksiz bulutlar, sonra büyük ve koyu bulutlar... Zayıf gök gürlemeleri... Daha sonra koyu ve elektrik yüklü her an boşalmaya hazır kasvetli bir gökyüzü... Arkasından sarsıcı gök gürültüleri, şimşeklerin birbiri ardına çakması, sonunda peşi sıra yıldırımların toprağa düşmesi...

Yapılamayan, kestirilemeyen, sezilemeyen, algılanamayan ne? Bu yolun ötesinde ne olduğunu ve yolun sonunda nereye çıkılacağını anlamayanlara sormak lazım. Yaşlı adam, *yanlış mı konuştum, karşımdakileri kızdırdım mı yoksa,* diye düşünerek susmuştu.

Yüzbaşı Tayfun, "Çok doğru söyledin. Evet, aynen böyle oldu. Bir sürü aklı evvelin ne anlatabildiği ne de kavrayabildiği şeyleri, o kadar yalın bir şekilde anlattın ki, daha ötesi olamaz," dedi.

"Bana ne yapacaksınız şimdi komitan?"

"Hiçbir şey yapmayacağız!"

"Nasıl komitan? Bırakır mısınız beni!"

"Biz seni hiç görmedik ki!"

Bu söz üzerine adamcağız sarsıldı.

"Yüküme de el koymayacak mısınız?"

"Ne yükü? Nerden çıkarıyorsun?"

Adamcağız bu konuşmaları duydukça kızarıp bozarıyor, şaşkınlıktan şaşkınlığa geçiyordu.

Yüzbaşı konuşmasını sürdürdü:

"Bak dayı! Biz savaşçı Türk komandolarıyız. Bu işlere bakmayız. Geçim koşulları ve ticari bozukluklar bizi ilgilendirmez. Hele pespaye ekonominin, insanları çaresizliğe iterek kanunsuzluğa teşvik etmesi gibi meseleler hiç mi hiç bizim sorunumuz değil, vazifemiz hiç değil. Bizim işimiz dağlarda gezen komitacı, terörist ve bölücülerle, anlaşıldı mı? Sen şu andan itibaren serbestsin istersen sabahı bekle öyle yola çık. Ama şunu da unutma! Sen de bizi hiç görmedin. Evindekilere bile bir şey anlatmayacaksın. Bu dediklerimi unutma, çünkü köyün belli, sen bellisin. Durup dururken PKK'nın işbirlikçisi ve kuryesi durumuna düşersin. O takdirde günah bizden gider."

"Beyim yaptığınız bu iyiliğe nankörlük eden insan olamaz. İki cihanda yakası bir araya gelmez. Bir şey söylesem kabul edersiz?"

"Nedir o?"

"Katırlarda sizin işinize yarayabilecek bazı şeyler var. Mazottur, çaydır, sigaradır. İşte bunlar gibi. Birazını size bırakayım?"

"Mazot gerekmez, çay, şeker, sigara olabilir. Ama bir şartla, parasını ödeyeceğiz."

"O zaman ne kıymeti olur beyim!"

"Şöyle düşünürsen olur. Senin mallarına karşılık ödediğimiz parayı oğluna gönder. Askerde paraya ihtiyacı yok mu?"

Yaşlı adam bu kez iyice şaşırdı!

"Ne diyeyim. Bugünlerde sizin gibi insanlara pek rastlanmıyor beyim. Allah tuttuğunuzu altın etsin. Başınızın gözünüzün sadakası olsun."

"Ama bize az bir miktar bırak. Bizim yükümüz esasen yeteri kadar ağır, üstelik senin gibi katırlarımız da yok. Her şeyi kendi sırtımızda taşınmak zorundayız."

Bizim katırlarımız yok sözü gülüşmelere sebep oldu. Yüzbaşının elini üniformasının iç cebine atmasıyla dinleyenlerin hepsi de cüzdanlarına sarıldı.

Yaşlı adam yerinden kalktı ve katırlarının yanına gitti. Askerlerin yardımıyla naylonlara doldurulan bir miktar çay, şeker ve sigarayı getirip bulundukları yerin biraz uzağına bıraktı.

Yüzbaşı, "Gece bizimle kalacak mısın, yoksa devam mı edeceksin?" diye sordu.

"Dışarıda tek tük kar atıştırıyor, ama tipiye döneceğini pek sanmam. Müsaade edin gideyim komitan. Altı gündür de yoldayım. Bölgeyi çocukluğumdan beri bilirem."

"İyi, yolun açık olsun. Sağlıcakla git. Ama artık bu işi mutlaka bırak. Bütün söylediklerinde haklı olmana rağmen..."

Adam ayaktaydı. Boynunu büktü. Tamam da demedi. Geri dönüp çıkışa doğru hareket etmeden önce tereddütle, "Beyim belki işinize yarar, bir şey söyleyebilir miyim?" diye sordu.

"Tabii, buyur!"

"Pekeke bize güvenmediği için kamplarına yanaştırmaz. Ama benden haraç alanların bir konuşmasına kulak misafiri oldum."

"Neden bahsediyorlardı?"

"Avaşin kampında erzaktan sıkıntıya düşmüşler. Miktarları çok azalmış, öyle konuştular. En çok da un bitmek üzereymiş. Oramar adı birkaç defa geçti, aralarındaki konuşmalarda oradaki gömülerden takviye yapmalıyız gibi laflar ettiler."

Yüzbaşı Tayfun, "İşte şimdi, turnayı gözünden vurdun!" diye bağırdı.

Sığınaktan ayrılan yaşlı adam, ağzından sis bulutu gibi çıkan nefesiyle, karlar içinde eşinen katırlarını düzene sokup önde köpeği onun arkasında kendisi, en geride de birbirini takip eden iki katırıyla doğuya, dağ yoluna doğru tırmanmaya başladı.

Yaşlı adam çıkıp gittikten sonra da konuşmaya devam ettiler.

Üsteğmen Metin, "Komutanım, daha sorgulamaya başlamadan önce, hemen PKK ile ilgili bir şeyler soracağınızı bekledim ama öyle olmadı!" dedi.

Müfreze komutanı açıklamaya çalıştı: "Eğer öyle yapsaydım; korkulu, şüpheli ve endişeli olduğu bir anda, karmaşık bir ruh hali içinde, sırf kendini korumak için yalan yanlış bir sürü bilgi uydurmaya çalışacaktı. PKK kaçakçıların nasıl olsa bir gün bizimkiler tarafından yakalanacağını ve sorguya çekileceğini bildiğinden onları kritik üs ve kamplarına yanaştırmaz. Genel birtakım bilgiler verirler ancak onlar da operatif olarak bir işe yaramaz. Bir baskın yapılabileceğini hiçbir zaman bir kaçakçıdan veya kaçakçı grubundan öğrenemezsiniz. Keza bir pusunun ne zaman, nerede kurulacağını da... Bu size bir çelişki gibi gelebilir ama yakınlardaki köy veya mezralarda yaşayanların bir bölümü bir baskın yapılacağını veya bir pusu kurulacağını, ne yapılacağını, ne zaman yapılacağını kesinlikle bilir. Ama bölgede görev yapan asker veya sivil devlet görevlileri bunu asla öğrenemez, öğrenemez derken yüzde seksen bu mekanizmayı çözemezler. Tersi olsa, bu kadar baskın ve pusuda gafil avlanılır mı?" Asteğmen Tekin, "Sonunda verdiği bilgi önemli sayılır herhalde, değil mi komutanım?" diye sordu.

"O çok doğal bir şey. Bizim Balaban kolunun o vadiyi tuttuğunu gördü. 'Kısa zamanda oradan geçebilirler,' demek istedi. Ben onların bu vadiyi bir şekilde kullanabileceklerini düşündüğüm için Balabanları oraya sevk ettim. Şimdi, esas soru şu: 'Ne zaman?' Bunu ancak PKK'lılar bilir. Bizim yapacağımız iş, Buzkıran kolunu da Çığlı Vadisi'ne indirmek ve müfreze olarak vadinin iki yakasında tertibat almaktır."

Üstçavuş Ömer araya girerek, "Bizim şu anda bulunduğumuz yer de açığa çıktı komutanım!" dedi.

"Giden adamcağızı kastediyorsan söyleyeyim. O artık en az bir ay kaçağa gitmeyecek. Sonradan gitse de uzun süre bu güzergâhı kullanmayacak. Bunu hem PKK'dan hem de bizimkilerden kendini korumak için yapacak. Çünkü bize PKK'yı ispiyonladı. Vicdanını rahatlatmak için bunu yapma ihtiyacı duydu. PKK'nın bizim Zap Vadisi'nin güneyinde kurduğumuz pusu ile Beyazsu Yaylası'ndaki baskından çoktan haberi oldu. PKK, bizim müfrezenin uyguladığı stratejiyi anlayamayacağı için onları birer tesadüf olarak değerlendirir ve kendi gruplarının dikkatsizliğine, aymazlığına verir. Onların bile eylem yapmaya cesaret edemediği bu ağır kış şartlarında bizden gelecek bir hareketi rüyalarında görseler inanmazlar. Üstelik alışkın da değiller," dedi ve sonra çantasının yan cebinde duran ve üzerinde renkli kalemlerle çeşitli işaretler konmuş özel haritayı önüne açıp el feneri ile aydınlattı. Naylon geçirilmiş olan haritadaki kabartıları, daha iyi görebilmek için sol eliyle bastırdı. Fenerin ışığı, Kuzey Irak topraklarında işaretlenmiş olan Avaşin kampı ile Buzul Dağları'nın güneyinde yer alan Oramar bölgesi arasında birkaç kez gitti geldi. Ve sonra:

"Metin, biz de gün ağarmadan önce vadiye ineceğiz. Senin kol, şimdi vadinin bu tarafında bulunan Balabanların karşısında, akarsuyun ötesinde tertibat alacak. Orada ne kadar kalacağımız belli olmayacağı için, gözetleme ve dinleme mevzilerimizin yakınında birer sığınak şart. O bölgede böyle bir yer bulmak zor değil. Her tarafta istemediğiniz kadar var. Aynı şeyi Teğmen Aykut da yapacak. Ben onun yanında olacağım. Burada kaldığımızı gösteren hiçbir emareyi yok etmeyin. Çerçöp toplamayın, ateşin küllerini dağıtmayın. Bahardan önce zaten buralarda görünemezler, geldiklerinde ise afallasınlar bakalım. Binlerce mağaranın, kayalık dehlizlerin hangisinde olabileceğimize kafa patlatsınlar ve psikolojileri altüst olsun. Demek ki karda, buzda, ayazda her zaman her yerde olabiliriz ve karşılarına çıkabiliriz. Hiçbir şey onlarının kafasını bu derece karıştıramaz ve paniğe düşüremez. Buradan intikal ve yerinizi almanız üç saati geçmez. Saat altıda mevzilerinizi işgal etmiş olmalısınız."

Müfreze komutanı emri Üsteğmen Metin'e vermişti ama yanında bulunarak kendisini dinleyen rütbelilerin hepsi bir ağızdan:

"Emredersiniz," deyip ayrıldılar.

Yüzbaşının başında bulunduğu Buzkıranlar, saat 02:30'da hareket ettiler. Beyazla örtülü alanda kendisi görünmeyen ayın aydınlığı yürüyüş koluna yeterli görüşü sağlamaktaydı. Daha önceden Balabanların kullandığı ve kaçakçının getirildiği patikayı kullandıkları için, çiğnenmiş kar yürüyüşlerini kolaylaştırıyordu. Gecenin ayazı eski ayak izlerini sıkıştırılmış buza çevirdiğinden yere her ayak basışlarında zemin gıcırdayıp duruyordu. Kafileyi Teğmen Aykut karşıladı. Müfreze komutanı, Buzkıranlardan ayrıldı. Geri kalanlar Üsteğmen Metin'in önderliğinde, vadi tabanına doğru yayvanlığını kaybederek dikleşen yamaçtan düşüp yuvarlanmamak için daha dikkatli ve tedbirli davranarak dere yatağına inmeye başladılar. Yola indikten sonra kuzeye doğru giderek karşıya geçiş için sığ bir yer aradılar. Bunun için zaman zaman el fenerlerini de kullanmak zorunda kaldılar. Karşıya ilk geçen ile en arkadan gelenin bellerine çelik kelepçelerle dağ halatları bağladılar. Buzkıranlar bu şekilde bir zincirin halkaları haline geldi. Böylece, talihsiz bir durumla karşılaşırlarsa suya düşen savrulup sürüklenmeyecek, özellikle de başını herhangi bir yere vurarak yaralanmayacaktı.

Akarsuyun geçilmesinden sonra tekrar güney istikametinde ilerleyerek tam Balabanların karşısına denk gelen kayalıklarda gözetleme ve dinleme mevkilerini işgal ettiler. Bir saat sonra da, önce dağların buzulları sonra kayalık yamaçlar ve bulundukları vadinin tabanı kademe kademe aydınlanmaya başladı. Hava gene yağayım mı yağmayayım mı diye tereddütlü görünüyordu.

Sırt çantası ve diğer ağırlıklarını Teğmen Aykut'un gizlenmek için arkasında durduğu kayalığa bırakılan müfreze komutanı, vadi boyunca dereyi takip eden patika yolu soldan sağa birkaç kere çıplak gözle ve dürbünle inceledi. Sonra da, "Dün gece nasıl geçti?" diye sordu.

"Çok normaldi komutanım. Olağandışı hiçbir şey yoktu. Gece çayın sesi bütün vadiye hâkim oluyor. Bulunduğumuz yer ise tabanda olduğu için daha önce kaldığımız yerlere göre daha ılıman."

"Sığınak buldunuz mu kendinize?"

"Bu gece beklenmedik bir durumla karşılaşabiliriz diye siperlerde kaldık komutanım. Ama geride, dört beş kişinin sığabileceği birkaç kayalık keşfettik."

Yüzbaşı, "Doğru yapmışsın!" dedi ve gülmeye başladı. Teğmen anlamıştı:

"Gelecekler değil mi komutanım?"

"Evet, Aykut, misafirlerimiz olacak."

"Şu kaçakçıyla konuştuktan sonra içime doğdu. O nedenle bu gece burada kalma müsaadesi istedim sizden."

"Gelecekler de ne zaman? Ama çok uzun süreceğini de sanmıyorum."

"Irak tarafından gelecekler değil mi komutanım?"

"Öyle görünüyor. Fakat tam tersi de olabilir. Ya siz vadide tertiplenmeden önce Oramar alanına geçmiş bir grup varsa? Bu defa içeriden dışarıya bir hareket yapılacak demektir. Ne olursa olsun fark etmez. Eninde sonunda önümüzden geçmek zorundalar. Bu bölgede Oramar (Alandüzü) dışında büyük üs oluşturabilecekleri, erzak ve mühimmat depolayabilecekleri bir yer yok. Avaşin-Oramar güzergâhı da bizim üzerinde bulunduğumuz vadi."

"Dağlar bize sabrı öğretti komutanım. Bekleriz."

"Beklediğimize değecek. Gelecekler. Personelin durumu nasıl?"

"Moralleri iyi, sağlıklarında bir sorun yok. PKK'lıların buradan geçeceğini öğrenince de çok sevinecekler. Yararlı bir işin üzerinde olmaları onları daha da mutlu edecek. Hele bir sıcak banyo yapabilseler değmeyin keyiflerine komutanım."

"Bu işi sonuçlandıralım, bir çare bulacağız. Hepimizin ihtiyacı var zaten. Çorapların bile bir kısmı lime lime oldu. Kirlendiği için çantalara tıkılmış iç çamaşırlarını da yıkamamız şart."

"Çok isabetli olur komutanım. Islak ılık havlu ile vücudu silmek işe yarıyor ama bir yere kadar."

"Buradan sonra sıra o işte."

Teğmen, *dağların tepelerinde, aralarında, yirmi kişiye nasıl ve nerede sıcak banyo yaptıracak acaba,* diye düşündü ama bunun şimdi sırası değil diye sormadı. Onunla konuşurken bile yüzbaşının aklının başka şeylerde olduğu belliydi. Yüzbaşı dürbünü ile vadinin karşı kayalıklarını gözetledi. İlk önce hiç kimseyi göremedi. Araştırmaya devam edince zor fark edilen iki baş görüntüsü aldı. Fakat çabucak kaybetti. *Buzkıranlar iyi gizlenmişler*, diye içinden geçirdi. Sonra Balabanların bulunduğu mevkileri dolaştı. Alt noktadaki Başçavuş Mustafa, Sağlık Çavuşu Ahmet, komando erler Hasan, Necip ve Burak'ı gördü. Birkaç cümle ile onların hatırlarını sorup üst noktada bulunanların yanına gitmek için yamaca tırmanmaya başladı.

Yüzbaşı uzaklaştıktan sonra Komando Er Burak, "Ahmet Çavuş bizim yüzbaşı bekâr değil mi?" diye sordu.

"Sana ne! Şimdi de yüzbaşının bekâr mı evli mi olduğuna mı merak sardın?"

"Ne var kızacak bunda? Sen de hep öküzün altında buzağı arıyorsun."

"Buzağıyı öküzün altına sen koyuyorsun da onun için. Oğlum yüzbaşı bekâr anladın mı? Teğmen olunca bu bölgeye atanmış, gitmiş gelmiş, gene gitmiş gene gelmiş. Bak hâlâ burada."

"Fırsat bulamamış evlenmeye demek ki!"

"Aklın fikrin evlenmede be oğlum."

"Benim öyle bir niyetim yok."

"Aslanım, yüzbaşı bağnaz bir yurtsever. Artık PKK işi onun için bir vazife ve şeref işi olmuş. Enerji ve ruhi gıdasını hep vatan fikri ve sevgisinden alıyor. Bayrak ve aksiyon adamı o. Ruhunu ve bedenini beraber eğitmiş, tıpkı bir koşuma bağlı iki at gibi. Dağlara tırmanırken görmüyor musun hepimize nal toplatıyor. Böyle bir adamı eve barka bağlayamazsın. Benim bildiğim, memleketinde anne ve babası ile okuyan iki kardeşi var. Maaşını da onlara yolluyor."

"Bekâr kalacak desene!"

"Tasası sana mı düştü?"

"Yok be çavuşum, öylesine sormuştum. Ben de kolay kolay evlenmem."

"Memleket bir baştan diğer başa şehit mezarlığı oldu. Sen önce bir dön de, evliliğe o zaman bakarsın!"

Ahmet Çavuş'un bu son sözü Burak'ın kulaklarını düşürdü.

"Haklısın Ahmet Çavuş, yazgının işlerine akıl ermez," dedi.

Yukarıdaki Balabanların yanına giden müfreze komutanı Asteğmen Murat, keskin nişancı Uzman Çavuş Ziya, makineli tüfekçi Uzman Onbaşı Cengiz ve havancı Komando Onbaşı İrfan'la biraz sohbet etti. Bu üç özel silahın nişancılarına bulundukları mevzilerden başka bir yere sıçramadan patika yolun ne kadarını ateş altına alabildiklerini sordu. Aslında, yanlarına gittiğinde kendisi durumu görmüştü. Her üçünün cevabı da yüzbaşının değerlendirmesine tıpa tıp uygundu.

"Aferin, silahlarınızın erbabısınız," dedi.

Bir ara gözü kuytu bir kayanın dibinde duran simsiyah olmuş çaydanlığa ilişti.

"Murat, sabah çayı mı?"

"Evet komutanım, hepimiz ikişer bardak içtik."

"Biraz burada yanınızda kalacağım. Bana da bir bardak verin bakalım."

Asteğmen közü yeniden canlandırmak için gittiğinde müfreze komutanı kriptolu telsiz mesajını Üsteğmen Metin'e gönderdi:

"Yerleşme ve tertibat tamam mı?"

"Her şey tamam. Gözetlemedeyiz."

"Hem kuzeye hem güneye dikkat!"

"Öyle yapıyoruz."

Bir taşın üzerine katlayıp serdiği pançosunun üzerine oturan ve tüfeğini kayaya dayayan yüzbaşının yanına çayın getirilmesi yirmi dakikayı geçti.

Asteğmen Murat çay dolu plastik bardağı yüzbaşıya uzatırken, "Biraz geç oldu komutanım, kusura bakmayın," dedi.

"Yok canım, ne geç kalması, o kör ateşte, çok hızlı bile getirdiniz."

Yüzbaşı çayını bitirir bitirmez ayağa kalktı ve önündeki kayalık sırtına, bulunduğu mevzilerin yanına doğru gitti. En sağda bulunan makineli tüfeğin mevzisinden elli altmış metre sağa, kuzeye doğru yürüdü. Beş altı adımda bir durup vadi tabanını inceledi. Aynı şeyi, en solda bulunan keskin nişancı tüfeğinin soluna doğru da yaptı. Bu hareketlerinde sürekli dürbününü kullandı. Zihninde, çok zor olmasa da netleştirmesi gereken iki şey vardı. Bunlardan biri, bu adamların gece mi yoksa gündüz mü bu güzergâhı kullanacağıydı. Diğeri ise tek başlarına mı yoksa yanlarında hayvanlarla mı buradan geçeceğiydi? Bu iki husus, işin karanlıkta yapılması ile yürüyüş kolunun hayvanlı olup olmaması, teknik anlamda farklı uygulamaları gerektirecekti. Bir başka mesele ise, PKK'lıların daha önceden Oramar'a gitmiş olmalarıydı. Bu da aslında gene iki durumu içeriyordu. Yani fark etmezdi, ya kuzeyden geleceklerdi ya güneyden.

PKK'lıların, "Teslim olun," çağrısına olumlu cevap vermesi halinde kaç kişilerse geriye, ana üsse sevk edilmeleri gerekiyordu. Teslim olurlar mıydı? Pusunun kapsamını anlayamadıkları ve tam imha bölgesinde olup olmadıklarını tahmin edemeyeceklerinden hemen ateşle karşılık veremeyebilirlerdi. Kış mevsiminin ağır koşullarında böylesine derin bir vadide pusuyla karşılaşmayı hayal bile edemediklerinden paniğe kapılıp ateş etmeye de başlayabilirlerdi. Gece geçiş ihtimali olduğu dikkate alınarak her iki kolun personelinin de tam tabana indirilip yeni mevziler seçmeleri gerekiyordu. Aksi halde kaçıp kurtulanlar olması mümkündü. Karanlıkta ilerleyen ve hayvanlı koldan oluşan bir gruptan birkaç kişinin sıyrılıp uzaklaşması işten bile değildi. Ancak, henüz sabahın erken saatlilerindeydiler. Olabilecek her olasılığı da hesaplamıştı. Esas sıkıntıyı yaratan karanlıktı. Çünkü tertibatın yeniden alınmasını veya değiştirilmesine sebep oluyordu. Her ne olursa olsun Çığlı Çayı Vadisi'nin iki tarafında bulunan kolların genel yerleri değişmeyecekti. Makasın bir ağzı bu yakada, diğer ağzı ise karşıda olacaktı.

Yüzbaşı yeniden eski oturduğu yere gitti. Asteğmen Murat bu defa çayla birlikte bir kâğıdın içine sarılı iki peksimet getirdi. Yüzbaşı, "Sağ ol Murat, çayı alayım ama peksimeti yiyemem. Şu anda içimden gelmiyor," dedi.

Biraz geçtikten sonra tekrar konuşmaya başladı:

"Gel bakalım Murat, şuralarda bir yere otur da sohbet edelim. Sende, siyaset bilimi, teoloji, pedagoji, antropoloji ne ararsan var!"

"Estağfurullah komutanım. Meslek dışında da çok okudum, onların faydasını görüyorum. Benim okuduğum yazarları çok az kişi okuyordu. Üstelik okuyanların da pek anladığını sanmıyorum."

"İnsanlarla sıkıntın var gibi görünüyor."

"Yok desem yalan olur. Hayat sürekli bir çarpışma, yıkılma ve bozulmadan oluşan bir keşmekeş gibi... Su kabağı şeklini alanlar var. İnsanların da fırıldakları oluyor. Fırıldakları döndüren ise çıkarlardır. Kaypaklıklarının pervanesi onları sonunda kul köle yapıyor."

"Dünya yansa, kılı kıpırdamayanlar için ne diyorsun?"

"Gevşek ve uyuşuklara gök gürültüsü gerekir. Kiminde yürek, kimindeyse ruh kocar ilkin. Kimi de gençliğinde kocar. Uyuyanlar arasında ne yapacaksınız ki? Savaşçı ve yaratıcı olmadığı takdirde çöplükte tavukların bile gagaladığı horoza döner insan."

"Rahatları olsun da, ne olursa olsun tavrından vazgeçmiyorlar değil mi?"

"Tam da öyle komutanım. Kitlenin büyük bölümünün ne rejim, ne güvenlik ne de soyulmaları yönünden bir derdi olmaz. Sosyal ve politik düzenin çürümesiyle de ilgilenmezler."

"Sonunda işi gene ideolojiye ve siyasete getireceğin anlaşılıyor Murat."

"İdeoloji olmadan dünya gözü ve bakışı olamaz. Dolayısıyla bir iddiası da bulunamaz. Öyle olunca da kavrayamadığı şeyleri muhakeme edip bir fikir öne süremez. Bütün rüzgârlara açık ince bir daldan farksız halde yaşar. Zamanı gelip kırılınca da, sadece yediği, içtiği ve boşa harcadığı zaman kalır geriye. İdeoloji yani keskin bir ilke ve hedef olmayınca siyaset de yapamaz. Siyaset, yol ve yöntemdir. Hedefi olmayan yol aramaz ki! İhtiyaç da duymaz."

"Genel insan yapısı bu olduğu için çağlar boyunca bütün toplumlar önder aramışlardır ve bilge adamlar onlara ışık tutmuştur. Önderleri ve bilge adamları olmadığı zamanlarda ise sarsılmışlar ve tehlikelere maruz kalmışlardır. Siyasi tarih ve harp tarihinden bahsediyorum. Böyle olmamış mı? Sıkıntı onların eksikliğinden kaynaklanmamış mı?"

"Elbette elbette, ama insanların meydana getirdiği bir toplum, halk veya millet var. Olup biten her şeyde birey olan herkesin bir sorumluluğu var. Bu sorumluluk bilinci yoksa ve geliştirilmemişse, algı ve kavrama yetenekleri artırılmamışsa, yükseliş ve sürat elde etmek çok zordur. Zihin fukara olunca insanoğlu denize tuz atar komutanım. Şunu anlatmak istiyorum, konuşmalarımızı toplumsal hayata çevirirsek, dış yardımların dünyayı denetleme yöntemlerinden biri olduğunu anlayamaz böyle insanlar. Aydın denilen fırıldak ve entrikacıları ayırt etmekte zorlanır. Devşirme demagogları fark edemez. Açık yürekten yoksun, ikiyüzlü insanları siyasetten atamaz. Yolsuzluğun, hırsızlığın diğer adı olduğunu bilemez. Kuru sıkı milliyetçilik devrinin geçtiğini anlayamaz. Ne kadar parası olursa olsun siyaseten bağımsız olmayan bir milletin uşak muamelesinden kurtulamayacağını tayin edemez. Demokrasi çakallığını kavrayamaz. 'Nene lazım!' diyenlerden halk olmaz! O zaman da ülkede geceler, aysız ve karanlık olur. Yüksek dağın itibarı, başında dumanı, tepesinde kar olmasındandır. Bunları söylerken Ömer Hayyam'ın bir dörtlüğü geldi aklıma, şöyle:

Dünyada akla değer veren yok madem,
Aklı az olanın parası çok madem,
Getir şu şarabı, alın aklımızı:
Belki böyle beğenir bizi elâlem!"

"Murat, Hayyam'la aran iyi anlaşılan onun kadar şaraptan da anlar mısın?"

"Hayır yüzbaşım. Arkadaş toplantı veya yemekleri dışında pek alakam yok."

"Hayyam öyle, insanlara düşkün biri değildir. Mesafelidir. Çok güvendiği ve sevdiği birkaç dostu dışında kimseyi de yanına yaklaştırmaz. Laubalilikten hiç hoşlanmaz. 1071 Malazgirt Savaşı'nda, Alparslan'ın ordusunda, Horasan alayında askerdi ve on yedi yaşındaydı. Bu alay ordunun ihtiyatındaydı. Hayyam savaşa girip Bizans ordusuna karşı çarpışamadı. Çünkü Selçuklu Türkleri ihtiyatlarını kullanmaya gerek kalmadan Bizans ordusunu bozguna uğrattı. Alparslan Anadolu içlerine sadece Selçuklu Türklerinin ilerlemesini istediğinden Hayyam da, alayıyla birlikte Horasan'a geri döndü. Melikşah hükümdar olduğunda ise devlet yönetiminde her zaman onun yakınında bulundu."

"Ooo... Komutanım neredeyse bütün yaşamını biliyorsunuz Hayyam'ın!"

"Şiir ve felsefeyle aram iyidir."

"Bu kadar farklı işleri ve konuları, nasıl oluyor da otuz yaşın altına sığdırabiliyorsunuz?"

"Kendimi bildim bileli okurum. Önceleri ne bulursam okuyordum. Sonra fark ettim ki okumak tamam da saptan samandan kitap ve yazarları okumak da zamanı katletmekten başka bir şey değil. Yazar ve kitapta seçiciyimdir."

"Ben de öyleyim. Aksi halde vaktinizi çöpe atmış oluyorsunuz."

Bir süre sessizlik oldu. Konuşmadan durdular. Asteğmen Murat yeniden başladı:

"Yabancıların içişlerimize karışması ve hükümetlerin buna boyun eğmeleri, bizim işlerimiz üzerine başka ülkelerin yargıya varmaları, bana her zaman dayanılmaz geliyor. Biliyorsunuz, geçenlerde Avrupa Parlamentosu'na mensup yedi kişilik bir heyet, Türkler kimyasal silah kullanmışlar mı inceleyeceğiz diye Çukurca'ya geldi. Düşünebiliyor musunuz? Avrupa ülkeleri operasyon sahasında araştırma yapıyor. Çukurca belediye başkanı olan herifte bunlara refakat ediyor! Üstelik bunlar müttefiklerimiz! NATO'cular! Elâlemin siyaseti ve parası ile sonunda müstemleke olunur. Herkes tilkilik peşinde. 'Dünya barışı, evrensel değişim,' gibi boş laflarla, safları uyutuyorlar.

Bağımsızlığı tam, üretimi güçlü bir ülkeye hiç kimse bir şey yapamaz. Bu dünyada, gücü gücü yetenedir. İnsanın kendi yaşantısı bir filmdir. Konusu ise dram ve komedidir. Her şeyde, rasgele ve günlük yaşıyorlar. Romantik beklentilerle de avunuyorlar. Hayvanlar dünyasında acımasız yok ediş vardır. Ama eziyet ve işkence yalnız insanlara özgüdür. Savaşı insan doğası başlatır, sürdürür ve gene insan doğası bitirir. Ama çok geçmez, yine bir sebep bulup tekrar başlatırlar. Yılan dolu çukura girmeden ve birbirlerini boğazlamadan duramazlar."

Müfreze komutanı kayaya dayalı tüfeğini ve üzerine oturduğu pançosunu alarak ayağa kalktı.

"Yaşamda dur durak yok değil mi?"

"Evet komutanım ama herkes için değil!"

"Sizin civarda sığınak aramanıza gerek yok. Sizi de hava kararmadan önce aşağıdaki mevzilere alacağım. Şimdilik bulunduğumuz yerden gözetlemeyi sürdürün."

"Anlaşıldı. Emredersiniz komutanım."

Sonra, makineli tüfekçi Cengiz'in yanına gidip sordu:

"Çalışacak mı? 'Baba baba,' diye?"

"Hem de yağ gibi, komutanım!"

Yan tarafa yürüyüp keskin nişancı Ziya'ya seslendi:

"Sektirmezsin değil mi?"

"Ah, bir görsem komutanım!"

Havancı Komando Onbaşı İrfan'ın mevzisine gidip, "Senin havan dakikada kaç kere tükürecek?" diye sordu.

"Komutanım ben onu dakika başına tükürtürüm de yanımızda sadece taşıyabildiğimiz kadar mermi var."

"Sen de o zaman, bir tükür tam tükür. Başkasına hacet kalmasın."

"Öyle yapacağım komutanım."

Müfreze komutanı dere yatağında bulunanların yanına gitmek için yamaçtan inmeye başladığında öğle vaktiydi. Zeminler beyaz, kayalıklar nemrut suratlı, bulutların geçişi telaşsızdı. Mevsimin klasik rengi olan gri ise yüksekliklere bağlı olarak çeşitleniyordu. Doğa semboller ve işaretlerle konuşuyordu. Her zaman olduğu gibi bütün bunlar ve derin sessizlik insana hüzün veriyordu.

Vadi tabanındakilerin mevzilerine inen yüzbaşı orada fazla kalmadan akarsuyun geçişi çok zorlaştırmayan bir noktasından karşıya geçip Buzkıranların yanına gitti. Burada da siperdekiler ve gözetleme yapanlarla konuştu. Bu kez oradan vadi tabanını dürbünle uzun uzun gözetledi. Bazı kesimleri daha bir özenle izledi. Üsteğmen Metin de beraberindeydi.

"Komutanım, bugün bir şey beklemiyorsunuz sanırım!"

"Bu işler bazen, üstü çeşitli tahıl ürünleriyle dolu bir tepside, alta gizlenmiş bir pirinç tanesini aramaya benzer. Haklısın özellikle gündüz beklemiyorum. Nedenini bilmiyorum ama hiçbir sezgim yok. Kullanacakları yol kesinlikle bu patika olacak ama zaman onların inisiyatifinde olduğu için şu saatte demek çok zor."

"İnşallah günlerce bekletmezler bizi. Bir de bu adam doğru mu söyledi?"

"O adamı bırak! Bizi bu vadiye o sevk etmedi ki… PKK grupları kışın şu veya bu sebeple içeri giriş ve çıkış yapacaklarsa en uygun mihver bu vadi. Aşağıda Avaşin kampı yukarı da Oramar alanı. Yaz dönemleri kadar olamaz ama Oramar bir membadır onlar için. Bu bölge, lojistik yapıyoruz diye en çok silah, mühimmat ve erzak depoladıkları yerdir. Bunlar, malzeme almak için değil, sırf ne var, ne yok diye kontrol etmek için bile oraya gideceklerdir. Bütün bunlar kesin de dediğim gibi ne zaman?"

"Oramar'a girip o depo ve gömüleri bularak tahrip etmek de PKK'ya iyi bir darbe olacaktır komutanım."

"Bu söz doğru olmasına doğru da orası tam bir gayya kuyusu. Alanın içinde PKK'ya karşı mücadele eden aşiret mensuplarının yaşadığı beş köy vardı. Onlarca yıl önce, saldırılar ve baskınlarla baş edemeyip çok kayıp verdiklerinden kaçmak zorunda kalmışlar. PKK'nın zaman zaman bu köylerin evlerini de kullandığı olmuştur. Özellikle kış aylarında. Hadi onlar da bir tarafa, Oramar alanında yüzlerce sığınak, mağara ve dehliz var. PKK genellikle buraları tercih eder. Onları tek tek bulup çıkarmak için binlerce askeri görevlendirsen bile birkaç aydan önce onları bulup çıkartmak mümkün değildir. Ayrıca bu yerlerin çoğu da tuzaklanmıştır."

"Bir ara bahsetmiştiniz. Siz bu alana girdiniz değil mi komutanım?"

"Evet girmiştik. Uzun yıllar önce... Gördüklerimize şaşırıp kaldık. O zaman ben bile, bölgeyi terk edinceye kadar, Oramar'ın bize düşen kısmının ancak onda birini görebildim."

Müfreze komutanı anlatırken yüz kasları, açılıp kapanan gözleri ve ses tonuyla oralarda nelerle karşılaştığını ve yaşadığı zorlukları yansıtıyordu.

"Tabii, bizim işimiz gömü ve sığınak değil silahlı adamlar ve gruplar ama bunu yaparken rastladıklarımızı da tahrip eder, işe yaramaz hale getiririz," dedi ve devam etti, "Metin, siz de hava kararınca vadi tabanına inin ve orada tertiplenin. Gece bir iş çıkarsa atışların kesin isabetli olması ve hızla üzerlerine çullanmak için bu şart. Yol karşı kıyıya paralel gidiyor, sendeki megafonu bana ver. Ben Balabanlarla beraberim. Duruma göre haberleşiriz."

Yüzbaşı yanından geçerken Uzman Onbaşı Cemil'e seslendi:

"Cemil, kız ne yapıyor?"

"Sağlığınıza duacı komutanım. Koynumda uyuyor."

"Ama bana haber göndermiş!"

"Ne diyor komutanım."

"'Doğdum. Babam beni görmeye gelmedi,' diyor."

"İnşallah dönünce komutanım."

Biraz ileride keskin nişancı Uzman Çavuş Halil mevzideydi. Yüzbaşı, "Halil!" diye ona da seslendi:

"Buyur komutanım!"

"Sizin yanınıza gelmeden önce Balabanların keskin nişancısı Ziya ile konuştum. Ne diyor biliyor musun?"

"Ne diyor, komutanım?"

"'Üstüme keskin nişancı tanımam,' diyor."

"Halt etmiş komutanım. Onu nişancılıkta sulu derelere götürür, susuz getiririm."

"Yani, ben daha mı iyiyim diyorsun?"

"Ona ne şüphe komutanım. Yarıştırın bizi, herkes görsün."

"Olur, bir madeni para bulayım o zaman."

Yüksek sesle yapılan konuşmaları duyan komando erleri, bulundukları yerlerde kıs kıs gülüyorlardı.

Yüzbaşı yanlarından ayrıldı.

O gün hava uzun bir süre açıktı. Batıp çıkan güneş, sanki önlerinde yürüyordu ve vadinin tabanındakiler için mat, kirli kırmızı bir tepsi gibi erkenden battı.

6

Gece çabuk çökmüştü. Ortalığı yoğun bir sis ve duman kapladı, yer gök belli olmuyordu. Bütün gece karla karışık pis bir yağmur iliklerine işleyerek yağdı. Sabah olduğunda her taraf sis ve duman içindeydi. Böyle karanlık ve soğuk bir hava insanın sinirlerini de kötü etkiliyordu. Bir iki saat içinde gece gri bir sabaha döndü. Vadinin dibinde olmalarına rağmen soğuğu da beraberinde getirdi.

Beklemek, bilinmeyen zamanı beklemek... Benim diyen çelik gibi bir insanın bile sinirlerini laçkalaştıran saatler... Kollarındaki saatler sanki birer gong gibi çaldığında saat onu yirmi geçiyordu.

Buzkıran ve Balaban gözcüleri aynı anda gördüler. Güneyden, vadinin Irak tarafından geliyorlardı. Hiç aceleleri yokmuş gibiydi. Yürüyüş kolu, on PKK'lı ve beş katırdan müteşekkildi. Hepsi silahlıydı. Rahat ve endişesiz oldukları her hallerinden belliydi.

Müfreze komutanı, vadinin karşısında bulunanlara kripto ile talimat verdi:

"Teslim olmazlarsa ateşi biz açacağız. Siz yoksunuz. Ta ki akarsudan sizin bulunduğunuz tarafa geçmeye kalkıştıkları ana kadar. Sonra serbestsiniz."

İki dakika içinde, "Alındı, anlaşıldı," cevabı geldi.

Adamların silahları omuzlarına baş aşağı takılıydı ve katırlar yüksüzdü. Patikada salına salına ilerleyen yürüyüş kolu tam Balabanların mevzilerinin ortasına geldiğinde Teğmen Aykut'un, megafondaki titreşimlerden mutluluk yayan sesi duyuldu:

"Silahlarınızı atın ve teslim olun. Kuşatıldınız!"

Adamlar dondu. Katırlar yularları kasılıncaya kadar birkaç adım attılar. Sonra onlar da durdu.

İkinci anons geldi:

"Sakın silaha davranmayın."

Sanki mumya olmuşlardı. Kıpırdamadan oldukları yerde duruyorlardı. Ne kadar tehdit altında olduklarını çıkarmaya çalışıyorlar ama bir karar da veremiyorlardı. Aralarında konuştular:

"Yol kesildi, yol kesildi!"

Bu durum belki beş dakika sürdü. Birden, yürüyüş kolunun başı olduğu anlaşılan ve en önde bulunan PKK'lı, teslim olun sesinin geldiğini düşündüğü kayalıkları Kalaşnikof'uyla taramaya başladı. On adamdan sekizi Balabanların mevzilerinin önündeki kayalıkların arasına saklanmaya çalışırken, iki kişi kendini akarsuyun karşısına atmaya çalıştı. Makineli tüfek bu iki adamı, daha suyun ortasındalarken paramparça etti. Gövdeleri henüz suyun akışına kapılmadan, keskin nişancının birkaç mermisi de bedenlerine saplandı.

Yolun yamacına sığınanların durumu da diğerlerinden farklı olmadı. Silahlar kör yerleri de vurabilecek şekilde tabana yerleştirildiğinden tırpanla biçilmiş gibi yere serildiler. Bu adamlar, sıçrıyor, ileri atılıyor sonra da ipleri kopmuş kuklalar gibi havaya uçuyordu.

Vadiyi boydan boya yoğun bir kükürt kokusu ve duman

sardı. Silah seslerine doğdukları günden beri alışık olan katırlar birkaç ileri geri hareket dışında oldukları yerde kaldılar. Olup bitenler, sanki gündüzcü yırtıcı kuşların bir ava saldırmaları ve avı kapıp götürmelerinin bir benzeriydi.

Müfreze komutanı, Teğmen Aykut, Başçavuş Mustafa ve iki komando eri yola indiler.

Yüzbaşı, "Aykut, silah ve mühimmatlarını toplayın," dedi. Başçavuş ve iki asker etrafa dağılan silahları ve ölülerin üzerindeki mühimmatı toplamayıp bir noktaya istiflemeye başladılar.

"Katırlar için de birkaç kişi daha gelsin," emrini verdi müfreze komutanı.

Teğmen Aykut'un işaretiyle iki uzman da yola doğru inmeye başladı.

Yüzbaşı bu taraftaki son PKK'lının, sekizinci olanın yanına geldiğinde onun iki kolunu kayalara doğru açtığını ve vücudunu da büzerek toprağa yasladığını fark edince durdu. Karşıdaki gizlese de yüzbaşı onun nefes aldığını hissetti. Bu canlıydı!

Yüzbaşı, "Oyun oynamayı bırak çocuk! Ayağa kalk!" diye bağırdı.

Yamaca yapışmış gibi duran PKK'lıda hiçbir hareket olmadı. Yüzbaşı tüfeğinin kurma kolunu ileri geri hareket ettirince mekanizma şakırdadı. Bu ses yerde yatanı hareketlendirdi. Böyle devam ederse ölüm geliyordu. Beklenmeyen bir hızla doğruldu ve yüzünü yüzbaşıya çevirdi. Yirmi yaşlarındaydı. Gözlerinden ölüm korkusu okunuyordu. Karmakarışık bir sakalı vardı. Birden vücudu kendisinin hâkim olamadığı bir titremeye tutuldu ve sonra durdu. Ceketinin sağ omzundan kan aktığı görülüyordu.

Yüzbaşı, şimdi yanına gelmiş olan Teğmen Aykut'a, "Bunu mevzilerin olduğu yere götürün. Yarasının önemli bir şey olmadığı anlaşılıyor. Sağlık çavuşu baksın," dedi.

Sonra karşı kıyıdan kendini izleyen Buzkıranlara, sağ yumruğunu havaya kaldırarak işaret verdi:

"Bizim tarafa geçin."

Sağlık Çavuşu Ahmet, yaralı PKK'lının tedavisini bitirmek üzereyken yüzbaşı yanlarına gitti.

"Durumu nedir Ahmet?"

"Önemli sayılabilecek bir şeyi yok komutanım. Bir mermi sağ omzunun dört parmak altından sıyırmış. Ağrı kesici verdim. Yarayı temizledim, ilaç sürdüm ve sargı beziyle bağladım. Üzerinden henüz korkuyu atamamış. İkide bir, 'Bana ne yapacaksınız?' diye sorup duruyor."

Buzkıranlar bulundukları yere ulaşmak üzereydiler.

Müfreze komutanı Başçavuş Mustafa'ya seslendi.

"Mustafa, şuna birkaç bardak çay verin. Biraz sakinleşip kendine gelince sorgulayacağım. Buradan, fazla gecikmeden ayrılacağız."

"Anladım komutanım, hemen."

Teğmen Aykut yüzbaşının yanına geldi:

"Silah ve mühimmatı topladık komutanım."

"Neler var?"

"Beş Kalaşnikof, bir RPG-7, bir BCK ve bir Kanas ile bunların mermi, roket ve şarjörleri. Katırların bazılarının heybelerinde boş çuvallar vardı. Hepsini iki çuvalın içine doldurarak bir katıra bağladık."

"Güzel. Üsteğmen Metin'in kolu da geldi. Biraz dinlendikten sonra derlenip toparlanın. Buradan gidiyoruz."

"Emredersiniz komutanım."

Yüzbaşı aynı talimatı Üsteğmen Metin'e de verdi. Gelen Buzkıranların bazıları bellerine kadar ıslanmıştı, çamur içindeydiler. Bu durumu gören müfreze komutanı, onlara büyük bir ateş yakıp ısınmalarını ve kıyafetlerini olabildiğince kurutmalarını söyledi. Islak, ağzına kadar su dolmuş botlar, suyun içinde kalmış ayaklar ve çoraplarla yürüyüşe kalkışmak zaman içinde büyük sorunlar çıkarabilirdi. Şu durumda ise vadide ateş yakmanın, yükselen dumanla çevreyi kokuya boğmanın zerrece bir olumsuzluğu yoktu.

Müfrezeden herkesin imece usulü etrafta ne kadar yanabilecek çalı çırpı varsa toplayıp bir yere yığmaları uzun sürmedi. Yaş ağaçların tutuşturulması, özel yakıtla dahi kolay olmadı ama sonunda alevler kümenin tümünü sardı.

Müfreze komutanı, PKK'lının oturduğu yerin karşısına geçti ve sırt çantasının üzerine oturdu. Üsteğmen Metin'le Teğmen Aykut da aynı şeyi yaptı.

Yüzbaşı karşısında duran gence, "Adın ne senin?" diye sordu.

"Hizan!"

"Kaç yıldır PKK'dasın?"

"Dört oldu."

"Dağa kendi isteğinle mi çıktın?"

"Değil. Üç arkadaş kaçırıldık."

"Ne oldu onlara?"

"Biri öldü. Öbürü başka bir grupta çalışıyordu. Haberim yok."

"Nereye gidiyordunuz?"

"Oramar alanına."

"Katırlar niye yanınızda?"

"Lojistik yapacaktık."

"Erzaksız mı kaldınız?"

"Vardır erzak ama azaldı."

"Başınızdakiler ne kadar tüketeceğinizi hesaplayamadılar demek!"

"Hakurke ve Zap'tan Avaşin'e gidip gelmeler yüzünden yiyecekler eridi."

"Sen Oramar'daki depoların yerini biliyor musun?"

"Yürüyüşün sorumlusu yoldaş biliyordu. Ben bazılarını bilirim."

"İyi düşün bakalım! Ne kadar iyi düşünürsen senin hayrına olur, anladın mı?

"Anlamışım."

"Ne zaman dönmeyi planlamıştınız?"

"İki günde gidip gelin dediler bize. Kar fırtınası ve tipiye tutulsanız bile üç günden fazla gecikmeyin dendi."

"Bugün birinci gününüz, öyle mi?"

"Öyledir komitan."

"Oramar'da gömü ve depoları bekleyen grup veya gruplar var mı?"

"Bir ay önceye kadar vardı. Güney Kürdistan'a askeri ve siyasi eğitim için alındılar. Ama ara ara keşifler yapılıyor."

"Şu anda orada kimse yok, öyle mi?

"Yoktur."

"Gece nerede kalacaktınız? Mağara ve sığınakta mı yoksa eski köylerde mi?"

"Bunu ben bilmiyorum. Parti başı karar verir."

"Avaşin'de çevre kamplardan gelip gidenler hariç kaç kişi var ve kaç ayrı yerde bulunuyorlar? Zap'ta kaç kişi var?"

"Yüzü aşkındırlar."

"Sana son soru," dedi yüzbaşı. "Sakın yalan söylemeye kalkışma! Kaç baskın ve pusuya katıldın?"

PKK'lı epey bir süre susunca yüzbaşı, "Dilini mi yuttun be adam!" diye bağırdı.

"Birkaçına katılmışımdır."

Yüzbaşıyla birlikte, üsteğmen ve teğmen de oradan ayrılıp ateşin yanına gittiler. Ateşin çevresinde duranların yüzleri kıpkırmızıydı. Uzun zamandır bu kadar yüksek ve alevleri gökyüzüne vuran bir ateş yakmamışlardı.

Müfreze komutanı iki subaya, "Yarım saat sonra hareket etmeliyiz," dedi.

Buzkıran kolundan Komando Er Tahsin bir yandan çantasıyla uğraşırken diğer yandan da bir kenarda tortop olmuş oturan PKK'lıdan gözünü ayırmıyordu. Biraz ileride hazırlık yapan Uzman Çavuş Halil'e, "Halil Çavuşum, şu adamı bana bir teslim etseler, ben bilirim ona ne yapacağımı," dedi.

Halil Çavuş gülümsedi.

"Ne yapacaksın, bakalım!"

"Çavuşum bu da sorulur mu? Neler yapmam ki kim bilir kaç asker arkadaşımızı şehit etti bu saloz," diye gamatoyu bastı.

"Tamam da, o cezasız kalmayacak ki, bu safhada bize çok yararı olacaktır. Komutan ondan bütün her şeyi öğrenmiştir."

"Ceza olsa ne olacak. Yok pişmanlık yasası, yok iyi hal yasası, yok bilmem ne affı. Yediği naneler yanına kâr kalacak. Yıllardır böyle oluyor mu bu işler? Bizim de bu karlı dağlarda anamız ağlasın. Ne iyi be!"

"İyi de, gördün işte dokuz tanesi yok oldu gitti."

"Anladım da bu niye duruyor?"

"Canlı ele geçeni öldürmek bize şeref getirmez Tahsin.

Kendimize olan saygımızı ve vicdanımızı rahatsız ederiz. Sen öfkeni biraz dindir."

"Demesi kolay çavuşum. Bundan sonra nereye?"

"Nereye mi? Aptalca sorular soruyorsun. Devam ediliyor. Devam. Nereye olduğu ne fark eder. Sadece devam."

❧ ❧

Yirmi bir dağ komandosundan oluşan Afat Müfrezesi, Hizan isimli PKK'lı ve beş katırdan oluşan yürüyüş kolu kuzeye, Oramar alanına doğru yola koyulduğunda vakit ikindi sıralarıydı.

Vadi tabanını takip eden yolda olmalarına rağmen rüzgâr buz gibi esiyor, tenlerini kesiyordu. Bir saat kadar yol almışlardı ki, iri kar tanelerini önüne katmış olan fırtına yüzlerine vurdu. Beyaz kar bulutları her yeri sardı. Yağış öyle yoğundu ki kol sonundakiler kol başını zor görebiliyordu. Her şey beyaza boyandı. Fırtına böyle devam ederse ilerlemeleri çok zorlaşacak, belki de Oramar'a varmadan vadi içinde bir kuytuya sığınmak zorunda kalacaklardı. Geçit vermez bu dağlık arazideki yol kuzeye ilerledikçe o kadar sarp bir boğazdan geçiyordu ki fırtınanın uğultusu iki yanda yükselen yalçın kayalıklardan sesler getiriyordu.

Katırlardan biri huysuzdu, deli deli hareketler yaptıkça askerlerin canını sıkıyordu. Bu hayvanı PKK'lı yedekliyordu.

Düşmanın en acımasızı olan doğa, "Ben buradayım," diyordu. İçlerinden bir kısmı, *müfreze komutanı geçici de olsa bir kuytuda bizi bekletir*, diye düşünseler de öyle olmadı. Aksine yüzbaşı, PKK'lıyı da yanına alarak yürüyüş kolunun başına geçip hızı daha da artırdı. Düşüncesi, bir an önce bu cendereden, vadiden, boğazdan kurtulmaktı. Her biri üç bin metreden yüksek dağlarla çevrili Oramar alanı karla kaplı olabilirdi ama daha korunaklı ve yumuşak bir bölgeydi. Hava tamamen kararmadan oraya ulaşmak istiyordu.

Vadinin Oramar'a açılan ağzı göründüğünde havanın hırçınlığı da eski sertliğini kaybetmişti. Akşam karanlığının basmasına da bir saat kadar vardı.

Vadiden çıktıklarında dağların arasındaki kar denizi ile karşılaştılar. Yüzbaşı şimdi de kenarları yayvanlaşmış, yüksekliği birkaç adam boyunu geçmeyen Çığlı Suyu'nu besleyen bir dere yatağını takip ederek yürümeyi sürdürdü. Çok geçmeden pencere kenarlarına kadar kar yığılı, çatıları karla kaplı birkaç tane tek katlı köy evi ile uzaktan alacalı bir buket gibi görünen ağaçları fark ettiler.

Takip ettikleri dağ patikası, eskiden burada yaşayan köylülerin bir zamanlar kullandığı yollardan biriydi.

Müfreze komutanı ayakta kalmış yedi evden en büyüğü sayılan ve pencerelerine saç ve teneke çakılmış olan evi gözüne kestirip doğrudan oraya yöneldi. Ana giriş kapısı menteşelerinden sökülmüş ve yana yatırılmıştı. Kapı demirdendi. Karlara bata çıka evin etrafında bir tur attı. PKK'lı da arkasından onu takip ediyordu. Yüzbaşı içeri girdi. Burası rutubet ve küf kokuyordu, salon sayılabilecek bir yer ve üç oda. Gene de kapalı bir mekânda olmak içine huzur verdi.

Bu arada müfrezenin tamamı da seçilen evin önüne gelmişti. Hepsinin yüzü pancar gibiydi, vücutları terden sırılsıklam olmuştu.

Yüzbaşının talimat vereceğini anladıklarından kapüşon

ve kar başlıklarını oynatarak kulaklarının açığa çıkmasını sağladılar.

Müfreze komutanı, "Arkadaşlar hepimiz arkamdaki evde kalacağız. Yandaki metruk binaya ise katırları sokacağız. Kalacağımız evde bir salon, üç küçük oda, bir ocak, duş ve tuvalet diye kullanılmış bir bölüm var. İçeri girip ağırlıklarınızı bıraktıktan sonra Balaban kolu katırlarla ilgilenecek, civar evlerde bulabildiği kadar boş teneke, kutu ne varsa toplayıp getirecek. Buzkıranlar da yakılabilecek ne kadar malzeme varsa kalacağımız evin bir odasına yığacak. Bu Hizan da Balabanlara yardım edecek. Biliyorum çok yorgunsunuz. Fırtına hepimizin enerjisini düşürdü. Ancak hava daha da kötüleşip karanlık çökmeden bu işleri bitirmeliyiz. Haydi demir adamlar, başlayın."

Yapılması gerekenlere aydınlık yetmedi. Kapalı gökyüzü ve seyrekleşen kar altında, zemininin beyaz aydınlığından istifade ederek bir saatten fazla çalışmak zorunda kaldılar. Bu arada köydeki su kuyularından birini de bulmuşlardı. Evlerden birinde orta büyüklükte, pırıl pırıl, iki alüminyum kazan çıkması onları pek şaşırtmadı. PKK da buraları kullanıyordu. Keza su kuyusunun çıkrığı, ipi ve ağaç bir makaraya bağlı kovası da bunun kanıtıydı.

Odalardan birinin yarısı, etraftan toplanan ağaç parçaları, latalar daha önceden kesilip evlerden birine istif edilmiş halde duran odunlarla dolmuştu. Birkaç tane kulplu, paslanmamış teneke ile sağlam iki tane de testi bulmuşlardı.

Evin içersini, mumlar, bataryalı aydınlatma fenerleri ve kesilip istiflenmiş odunların yanında buldukları büyük bir demet çırayı kullanarak aydınlattılar.

Yüzbaşı kol komutanlarını, "Bu gece, yarın ve belki de

yarın gece burada kalacağız. Müfrezenin tamamı vardiya usulü ile sabaha kadar banyo yapmış olsunlar. Nöbeti de dönüşümlü yapın. Mevzi olarak bu binanın köşelerini kullanın. Katırlara verebileceğimiz bir yiyecek yok. Heybeleri de boş olduğuna göre PKK'lılar hayvanları buradaki gömülerden çıkacaklarla doyurmayı hesaplamışlar anlaşılan. Onlar dayanıklıdır, su verelim yeter. Gene nöbetler bir saati geçmesin. Bu geceyi, bu sıcak ve korunaklı yerde banyo, şahsi temizlik, yırtık sökük dikme, silah ve mühimmata bakım yapma gibi işlerle verimli bir şekilde kullanmalıyız. Herkes olabildiğince istirahatine baksın. Yarın bu oğlanın göstereceği yerlerden itibaren aramalara başlayacağız," diye bilgilendirdi.

Üsteğmen ve teğmen, "Baş üstüne," diyerek ağırlıklarını bıraktıkları ve adamlarının bulduğu odalara gittiler.

Müfreze komutanı el radyosunun frekansını ayarladı ve mesajı kodlayıp gönderdi.

"Ondan dokuz eksildi. Biri yanımızda. Kayıp yok. Yaralı yok."

Ocakta ateş hemen yakıldı. İki kazan taşlardan yapılan saç ayaklar üzerine yerleştirilerek sular kaynatılmaya başlandı. Baca iyi çekmediği ve muhtemelen yazın kuş yuvalarıyla örtüldüğü için fazla verimli değildi. Bu sebeple dumanın bir kısmı salon ve odalara doldu. Ama bundan kimse rahatsız olmadı. Sıcak olsun da ne olursa olsundu! Çamaşırlar ve çoraplar içi su dolu tenekelere basıldı ve ocağın üzerine konmak üzere sıraya dizildi. İlk nöbeti Balabanlar kolu üstlendi. Katırlar sulandı. Hayvanlara birer kova yetmedi. İkincileri verildi. Sudan sonra beklediler; arpa, çavdar gibi yiyecekleri beklediler, ancak onlara yemek veren olmadı.

Üsteğmen Metin, müfreze komutanına ne zaman banyo yapmak istediğini sorduğunda yüzbaşı, "En son ben," dedi.

Gece yarısından önce, binanın içine yayılan buhar ve duman; nem, rutubet ve küf kokusunu nispeten giderdi. Hepsi iliklerine kadar ısındı. Hele banyo yapanlar yeniden dünyaya gelmiş gibi oldular. Gerginlikler azaldı. Hatta aralarında şakalaşmalar arttı. Banyosunu bitirenler uyku tulumlarının içine girip derin bir uykuya daldılar.

Yüzbaşı bir ara evden dışarı çıktı. Yarı aydınlık, tek tük kar atıştıran bir hava vardı. Etrafı çeviren, sanki gökyüzünü yakalamak istercesine yükselen Buzul, Rejgar, Tove dağları ile onlarla yarış edercesine yükselen Han Yaylası'na baktı. Uzun yıllar önce gene buraya gelmişti. Biraz düşüncelere daldı, eskilere gitti. Böyle dalıp gitmişken kulaklarını sıkıp geriye atarak kar örtüsü üzerinde koşan minik bir hayvan gördü. Tavşan çok yakınındaydı. İri gözlerini görebiliyordu. Tavşan ileri geri hareketler yaparak bir çalılığa ulaşıp kayboldu. Yüzbaşı nöbetçilerden birinin de tavşanı gördüğünü fark edince, "Aklından ateş etmek veya onu yakalamak gibi bir saçmalığı geçirmiyorsun herhalde," diye takıldı.

Onbaşı İrfan, "Yok komutanım, ben hayvanları severim. Kırk yıl et yemesem aklıma bile gelmez," dedi.

"Bırak oğlum şimdi palavrayı, bu koşullarda ateş edilmez desene! Sen hiç koşarak tavşan tutabilen bir insan gördün mü?"

"Görmedim."

"Ateş edemeyeceğine ve koşarak da tutamayacağına göre, izle yeter."

"Anladım komutanım."

"O da bizim gibi, bütün insanlar gibi yaşam mücadelesinde. Onu gördüğümüze göre, yakınlarda onun aile fertlerinin de olduğunu bil."

Yüzbaşı binanın etrafını kolaçan etti. Sonra katırların bulunduğu binaya girip çıktı. Uzun uzun dağları izledi. Bir şeyleri hatırlamak, yeniden yaşamak ister gibi bir hali vardı.

Köy evine girmeden önce diğer gözcü Hasan'a, "Şu karşıdaki ağaç ne ağacı?" diye sordu.

Hasan biraz düşündü, "Tam çıkaramadım, komutanım," dedi.

"Bir meşe, bir ardıç, bir kayın, bir kızılağaç, bir dişbudak, bir yemişen mi? Yoksa bir meyve ağacı mı?"

Hasan ağır bir sınavın altında ezilen bir öğrenciden farksız hissediyordu kendisini.

"Hepsi de olabilir," diyerek işin içinden sıyrılmak istedi.

Müfreze komutanı kesin ve net bir ifadeyle, "O bir elma ağacı. Yarın sabah karları eşelediğinde altında yüzlerce elma bulacaksın. Kimse toplamadığından bütün elmalar zamanı gelince döküldü ve şu anda karların altında tıpkı mevsiminde olduğu gibi dinç ve taze duruyorlar. Sana görev, yarın karları temizle, elmaları topla ve arkadaşlarına dağıt," dedi.

Hasan önce bu bilgileri şaka sandı. Yüzbaşı nüktedandı ama laubaliliği ve aptalca şakaları sevmezdi. Hemen kendini toparlardı:

"Emredersiniz komutanım, gün ağarır ağarmaz, hemen elmaları toplayıp arkadaşlara dağıtacağım," dedi. Yüzbaşı binadan içeri girdi.

Uzaktan onları izleyen İrfan, Hasan'ın yanına geldi.

"Ne diyordu komutan?"

"Karşıdaki ağacın ne olduğunu sordu. Ben nereden bileyim. Onun elma ağacı olduğunu söyledi ve sabah olunca git, karların altından elmaları topla, müfrezedeki arkadaşlarına dağıt dedi."

"Yüzbaşı, seninle kafa bulmuş oğlum. Ne elması koçum? Ne armudu? Farz edelim elma ağacı, bu saate elma mı kalır ortalıkta! Hepsi çürüyüp gitmiştir."

"Eee. Ben ne deseydim kendisine, olmaz mı deseydim?"

"Ben senin yerinde olsam, iddiaya girerdim. Elmalar çıkmazsa diye."

"Sen ne şaşkalozsun be! Hadi git, söyle bakalım komutana."

"İyi ya! Gözetleme yerini terk ettik diye bir araba dolusu laf işitelim değil mi? Benim aklıma ne geldi biliyor musun?"

"Sen de hınzırın birisin! Ne geldi?"

"Ağaç iki adım ötede, sen benim şu tüfeği tut, ıslanmasın. Ben bir sopa ile karları eşeleyeyim."

Hasan biraz ilersindeki İrfan'ın karları eşeleyerek sağa sola atmasını olduğu yerden izledi. Birkaç kez elini parkasının ceplerine soktuğunu da gördü. Yirmi dakika sonra İrfan yanına geldi ve iki cebinden sekiz tane elma çıkardı. Hepsi de taş gibi ve pırıl pırıldı.

İki asker de dil birliği yapmışçasına, "Pes, pes ve gene pes. Pes ki ne pes!" dediler.

Gece yarısını geçeli epey olmuştu. Üsteğmen Metin, yüzbaşının harita üzerinde çalıştığını görünce ona bir bardak çay getirdi ve onun oturmasını işaret etmesiyle yanına oturdu.

Üsteğmen, "Bakalım bu oğlan yarın bize kaç gömü gösterebilecek komutanım?" diye sordu.

"Çok yer gösterebileceğini sanmıyorum. Ama esas olan,

kıymetli gömüleri gösterebilmesi. PKK'nın yöntemidir. Hiç kimse her şeyi tam olarak bilmez ve gösteremez. Herkes bir parça bilgiye sahiptir. Bu oğlan da bütün Oramar alanı gömülerini bilemez. Yarın anlayacağız."

"Şu yaşadıklarımızı batıda birilerine anlatsak dilleri tutulur, inanamazlar komutanım."

"Anlatmayın zaten. Hem anlamazlar, hem yanlış anlarlar, hem de şöyle olsaydı böyle olsaydı diye akıl veren Hacivatlar çıkabilir. Memleket bu konularda çokbilmişten geçilmiyor. Her şeyin nesli tükenir, ağızdan dolma, kuru sıkı tüfeklerin nesli tükenmez. Çok eskiden izne gittiğim bir zamanda çocukluk arkadaşlarımızdan birinin ağabeyinin kitap yazmak için araştırmalar yaptığını duymuştum. Benim izinde olduğumu bildiği için arkadaşım da ağabeyini benim yanıma getirdi. Bana sorular sormaya başladı. 'Size hiçbir şey anlatmayacağım. Savaşı başkalarının anlattıkları ile yazanlara dayanamam,' dedim. 'Neden? diye sordu. 'Aşkın ne olduğunu bilir misin?' diye sordum. 'Biliyorum,' dedi. 'Savaşa kadar ben de bildiğimi sanırdım. Bir kadını sevmiştim. Savaş en büyük tutkuları ve en büyük kinleri doğuruyor. Bunu yaşamayanlar bilemez. Siz savaş ne, vicdan ne biliyor musunuz?' dedim. Kesin olmamakla beraber, 'Anlıyorum,' dedi. 'Hayır, hayır anlayamazsın. Siz iki duygunun nasıl birbiriyle çarpıştığını bilmiyorsunuz. Korkunun ve vicdanın... Siz, kişinin, çalışanın, kocanın vicdanını tanıyabilirsiniz. Ama askerlerinkini bilmiyorsunuz. Siz hiç düşman mevzilerine bomba attınız mı?' dedim. 'Hayır,' diye cevap verdi. 'O halde, savaşan bir askerin duygularını nasıl yazacaksınız? Asker birliği ile saldırıya geçiyor, hücuma kalkıyor. Karşıdan otomatik silahlarla ateş açıyorlar. Yanındaki arkadaşları düşüyor. O ise emekliyor, sürünüyor. Emekliyor. Bir saat geçiyor, altmış dakika. Her dakikanın altmış saniyesi var ve her saniyede onu yüz defa öldürebilirler. O ise emekliyor, topraklara kayalıklara sürtünüyor. Savaşın, askerin iç duygusu budur. Sevinmek nedir bilir misin?' dedim. 'Kesinlikle, bunu biliyorum,' dedi. 'Doğru. Siz belki aşkın sevincini, belki de yaratmanın sevincini biliyorsunuzdur. Belki bir kadın sizinle annelik sevincini paylaşmıştır. Ama zaferin sevincini, düşmanı yenmenin sevincini; askerin kahramanlık sevincini tatmayanlar, onların en güçlü ve en yakıcı sevincinin ne olduğunu anlamazlar. Peki siz bunları nasıl yazacaksınız? Uydurmaya başlayacaksınız,' dedim. Sonra bana güya bu konularda çalışma yapılmış bir dergiyi uzattı. Şöyle bir göz atarak elimde olmadan kaldırıp attım. 'Ben savaşta mürekkeple değil, kanla yazılmış kitap okudum. Böyle bir kitaptan sonra uydurmalara dayanamam. Siz ne yazabilirsiniz ki? Yalanlardan nefret ederim. Siz doğruyu yazamayacaksınız!' diye sert çıktım. Ağabeyinin yanındaki arkadaşım da böyle bir girişimde bulunduğu için mahcup oldu. Bilmiyorum, sonradan bana hak verdiler mi?"

Bu anıyı dinleyen Üsteğmen Metin, "Umarım anlamışlardır ve ders almışlardır komutanım," dedi.

"Güzel de bu bize rastlayanı, bizim bilmediklerimiz ne olacak? Onlara kim, 'Bu işler böyle olmaz,' diyecek?"

Elinde tuttuğu plastik bardaktaki çay soğumuştu. Çayı soğuk soğuk içerek, "Banyo durumu ne oldu? Sizin kolun banyosu bitti mi?" diye sordu.

"Son iki kişi kalmıştı komutanım. Şimdi bakacağım ve nöbeti biz devralarak Balabanların banyoya başlamasını sağlayacağız."

"Tamam."

Üsteğmen selam verip ayrıldı.

Sabaha karşı serseri gibi sağa sola savrulan bulutlar, karın da ara ara kesilmesini sağladı. İhtişamlı sessizliği ise gece yırtıcılarının sanki planlamış gibi karşılıklı seslenişleri bozdu. Bunlar terk edilmiş harap köylerin değişmez sakinleri olan baykuşlardı. Artık buraların misafiri değil, sahipleriydiler. Seslerindeki tiz ve tok ritimler, benim diyenin sinirlerini boşaltmaya yetiyordu. En çok da nöbettekiler bundan etkilendiler. Yakınlarda öten baykuşun köyün en gerisindeki evlerin birinin bacasında veya çatısında olduğu kesindi. Baykuşu görememelerine rağmen dinleme ve gözetleme yapanların bazıları içinden, *şuna bir şarjör boşaltayım da görsün!* diye geçirenler bile oldu. Ama yapamazlardı.

Yakalanan PKK'lının kılavuzluğunda sığınak ve gömü aramaya başlamak için harekete hazır olduklarında ortalık da ağarmaya başlamıştı. Her biri üç bin metreyi geçen, Oramar'ı çeviren dağlar yarı beline kadar sisin altındaydı. Sanki ortadan gelişigüzel kesilmiş hissi veriyorlardı insana. Oramar'ı boydan boya geçen Çığlı Suyu'nun aktığı vadi tabanı da sanki bulut kümelerinin barınağını andırıyordu.

İlerleme düzeninde bu kez Üsteğmen Metin'in Buzkıran kolu önde, Teğmen Aykut'un Balabanlar kolu arkadaydı. Yürüyüşe geçmeden müfreze komutanı ikisini yanına çağırdı:

"Bu oğlan, bu dönemde Oramar alanında PKK'lı bir grup olmadığını söyledi ama bu alan devasa bir yerdir. Buradan görebildiğimiz kısmı bile alanın onda biri değil. Birincisi doğru bilmeyebilir. İkincisi başka bölgelerden şu veya bu sebeple bazı gruplar gelmiş olabilir. PKK kışın, yurtiçi kamplarından başka birine geçmediği gibi, aksine bulunduğu yere daha da kapanır ve kamufle olur. Gene de tedbirli olacağız. Olası bir karşılaşma iki taraf için de bir sürpriz olacaktır. Sürprizin bize düşen kısmı, onlarla aniden burun buruna gelmemiz olur. Onlar beklemiyor, biz ise arıyoruz. Aykut, aramayı Metin ve adamları yapacak. Biz vadi tabanında ilerlerken siz, vadinin iki tarafındaki hâkim arazilerden bizim güvenliğimizi sağlayacaksınız. Metin, katırları senin askerler yedeklesin. Onlara ihtiyacımız olacak. Bulacağımız sığınaklardan çıkanlarla açlıklarını da giderirler."

Teğmen Aykut, "Komutanım, PKK'lıyla bizim arkadaşlar gece görüşürken, 'Bana da silah verin, bundan sonra ben de sizinle beraber savaşayım,' demiş," dedi.

Müfreze komutanı zorla gülümsedi.

"Bunların bazıları hep böyle yapar. Hangisinin ne kadar dürüst davrandığını da hiçbir zaman bilemezsin. Önce bugün yapması gerekenleri yapsın. Katırların dilinden iyi anlar bunlar. Vadi tabanına inip gömü aramaya başlayıncaya kadar size yardım etsin."

İki subay müfreze komutanının yanından ayrılarak kollarının tertiplendiği yere gitti. Köy evinden Çığlı Suyu'nun içinden geçtiği vadiye inmeleri bir saatten fazla sürdü. Vadi kanatlarının emniyetini alacak olan Balabanlardan beş asker, müfreze vadi yamacının kenarına gelince, akarsuyun kuzey kısmında bekleyerek diğerlerinin inişlerini göz temasını kaçırmadan takip ettiler. Akarsu boyunca döne döne vadiyi takip eden patika, karşı kenarda olduğu için bir müddet uygun geçiş yeri aradılar ve bulunca da karşıya geçtiler. Geçiş esnasında katırlar can sıkıcı bir şekilde inat etti. PKK'lı ile birlikte katırları yedekleyen Buzkıranlardan Komando Er Mehmet, önünde yürüyen Hüseyin'e, "Katırlar niye böyle delilik etmeden tıpış tıpış yürüyor sence?" diye sordu. Herkes gibi yüzü kıpkırmızı kesilen, vücudu ter içinde kalan Hüseyin, "Gene ne yumurtlayacaksın? Nereden bileyim ben? Allah'ın katırı işte! Neymiş? Sen söyle bakayım," diye çıkıştı.

"Bunlar, iki gündür aç ya yiyecek bulunacak bir yere gittiklerini anladılar. Onun için."

"Hay senin saman kafana. Başka ne varmış gidilen yerlerde? Sorsana seninkine, belki onu da söyler!"

"Bak gör, benim dediğim çıkacak."

"Allahım Yarabbim! Bunu bilmeyecek ne var? Bu herif, yer gösterirse bazılarından mutlaka yiyecek bir şeyler çıkacak. Pusuya düşürdüklerimiz zaten erzak için gelmiyorlar mıydı akıllım?"

"Sana da yaranılmıyor ki!"

"Sen, bu katır işini geliştir bence askerden sonra birkaç katır edinir, çiftçilik işlerinde kullanırsın."

"Bizim oralarda katır olmaz oğlum. Hiç işim yok da katırların kahrını mı çekeceğim."

"İyi iyi tamam. Kes şu katırcılığı. Konuşmak için bahane arıyorsun."

Suyun karşısına geçer geçmez, Balabanların diğer beş askeri de yamaçtan yukarıya tırmanmak için bir iz aramaya başladı. Yamaç kesik kesik ve kademeli bir yapıya sahipti. Gözlerine kestirdikleri bir noktadan yukarıya hareket ettiler.

Şimdi tabanda, Buzkıranlar ve müfreze komutanı vardı. Yüzbaşı Hizan'ı çağırarak, "Hangi yönü takip ederek senin göstereceğin noktalara gideceğiz? Şu istikamet kuzeybatı, arkamız güneydoğu. Bulunduğumuz yere göre düşün. Vakit kaybedecek zamanımız yok ve göstereceğin her yerde yapacağımız işleri gün ışığında bitirmemiz gerekiyor," dedi.

PKK'lı hiç tereddüt geçirmeden ileriye, kuzeybatı yönüne doğru yürüyüşe başladı. Arkasından müfreze komutanı, Üsteğmen Metin ile Buzkıranlar hareket ettiler. Çığlı Suyu'nun kıvrımlarına uyarak dere yatağını takip eden patikanın zemini yer yer kayalık ve toprak olduğundan, bastıkları her taraf vıcık vıcık çamurdu. Bulundukları mıntıka hiçbir zaman tekin olmadığı için bütün silahların mermileri atış yataklarına sürülmüş ve emniyetleri açılmıştı.

PKK'lı silahı, mühimmatı ve sırtında yükü olmadığından çabuk çabuk, koşarcasına yürüyor, ikide bir durarak yolun dayalı olduğu yamaca bakıp yer kestirmeye çalışıyordu. Her tarafı birbirine benzeyen bu vadide, keskin bir işaret olmaksızın bir yerin bulunması ise deveyi iğne deliğinden geçirmekten bile zordu.

Bir saatten fazla bu şekilde yürüdükten sonra birden durdular. İlerde yürüyen PKK'lı etrafında fır dönüyor, kollarını uzatıp birleştiriyor, sanki canlı bir totem gibi hareketler yapıyordu. Hepsi onun yanına geldiğinde, sol taraftaki yayvan araziye doğru tırmanmaya başladı. Görünürde farklı bir şey yoktu. Yirmi metre çıktıktan sonra gene sağa sola baktı ve kavisli ama yüksek olmayan, testere gibi bir kayalığa dayalı, sıradan bir taşı kendine doğru çekti. Aşağıdakiler karanlık bir oyuk gördüler uzaktan. PKK'lı neredeyse gövdesini yarı beline kadar içeri soktu ve sonra zorla sürtüne sürtüne geri çıkıp ayağa kalktı. Bir elinde kürek, bir elinde de kısa saplı bir kazma vardı.

PKK'lı, bulunan gömünün ilerisine doğru en fazla otuz kırk metre aralıklarla altı gömü daha gösterdi. Durum şuydu: PKK, Oramar alanının bu mıntıkasında, gömüler için doğal imkânlara sahip iki yüz ila iki yüz elli metre içinde uygun bir yer bulmuş ve depolama yeri olarak kullanmaya başlamıştı. Ne var ki, Oramar'da bulunan gömüler sırf bunlardan ibaret olamazdı. Başka mıntıkalarda, başka yerlerde de gömüler olduğu muhakkaktı. Fakat yanlarında tuttukları adamın bunların hepsini bilmesi imkânsızdı. Örgütte gömüler konusunda herkesin ancak bir kısım hakkında bilgisi olabilirdi. Bu PKK'nın en çok özen gösterdiği konuların başında geliyordu.

Yedi gömü ve sığınağın beşinden erzak, ikisinden silah ve mühimmat çıktı. Buzkıranlardan herkes, ağır işçilere taş çıkaracak bir azim ve gayretle bütün malları, dehliz ve çukurlardan dışarı çıkardılar. Erzak çuvalları, içlerinde bulgur, kuru fasulye, nohut, mercimek gibi tahıl ve baklagilleri ihtiva etmesine karşın, ağırlık çuvallar dolusu undaydı. Uzun zamandır sulu ve sıcak yemek yemedikleri için hepsinden birer parça kendilerine ayırdılar, kalanları ise çırpına çırpına akan Çığlı Suyu'na döküp imha ettiler. Akarsuyun dirsekli kenarlarında toplanan çeşitli erzaklar, suyun rengini alacalı bulacalı bir hale getirdi. Katırlar da kendi paylarına düşenlerle karınlarını tıka basa doyurdular. Erzak gömülerinin ikisinde tenekeler dolusu yağ ile çeşitli markalarda salça bulundu. Bazılarından erzakla birlikte kap kacak, tencere, kazan, kaşık, çatal gibi malzemeler de çıktı. Hepsini paramparça ederek, ezerek, yamyassı hale getirerek dere yatağına, vadiye savurdular.

Silah ve mühimmatın depolandığı iki dehlizden, PKK'nın kullandığı her çeşit silahtan bir miktar çıktı. Hatırı sayılır miktarda patlayıcı ve saniyeli fitil de buldular. Kalaşnikoflar, Kanaslar, BCK otomatik tüfekler, RPG-7 ve RPG-11 roketatarlar... Bu silahlara ait sandık ve çantalara doldurulmuş mühimmat, çuvallarca şarjör, taarruz ve savunma el bombaları... Hepsini boşaltılan un çuvallarına dolduruldular. Beş katır ele geçirilen silah ve mühimmatı, o da çok iyi yüklenmesi şartıyla ancak taşıyabildi.

Hepsinin üstü başı, yüzü gözü, çamur içinde kalmıştı, defalarca inip çıkarken kayaların jilet gibi kenarları bazılarının botlarını yırtmıştı. Bir ara karla karışık bir yağmur da üzerlerinden geçti. Çok yorulmuşlardı ama huzurluydular. Aşırı enerji kullanmak zorundaydılar çünkü hava kararmadan işin bitmesi gerekiyordu.

Silah ve mühimmat çuvalları katırlara yüklendiğinde, hayvanların sadece başları, kuyrukları ve ayakları görülebiliyordu. Dönüşe geçtiklerinde karanlık da artık, ben geliyorum, diyordu. Dönüşe geçtiler.

Ayrıldıkları eve döndüklerinde hava kararmıştı. Nöbetçiler hemen yerlerini aldılar. Katırların yükleri süratle indirildi. Ateş yakmaları uzun sürmedi. Yemek işlerinden anlayanlar mercimek çorbası ve bulgur, fasulye, nohut karışımından karma bir yemek yapmak için kolları sıvadı. Müfrezenin büyük kısmı, eşofmanlarını giyerek tepesine kadar çamura batan pantolonlarını kurutmaya hazırlandılar. Botlar ise kurumadan suyla temizlenmeliydi, onları silmeye başladılar. Yemekten sonra gene banyo ve çamaşır yıkamak için su gerekliydi. Kuyudan kovalarla su çekerek dün geceki alüminyum kazan ve kaplara doldurdular. Gece yarısına doğru işlerin çoğu yoluna girmiş ve nöbetçiler hariç herkes yavaş yavaş köşelerine çekilmişti.

Ana üsten ayrıldıklarından beri ilk defa mideleri sıcak bir

yiyecek görüyordu. Çorba ve baklagil karışımı yemek hepsini çok memnun etmişti.

Yemekten sonra askerler birbirleriyle şakalaştılar:

"Şu PKK'nın kırk yılda bir, bize bir yararı dokundu!"

"Ne yani! Bu heriflerin erzaklarından istifade ettik diye mi böyle söylüyorsun?"

"Öyle ya, teşekkür etmeliyiz, değil mi?"

"Ne demek? Teşekkür etmezsek nankörlük olur! Etmez olur muyum, edeceğim. Hem de görür görmez. Tüfeğin namlusundan!"

"Komutanı işitmediniz mi? Bunlar, bizim bulduklarımız. Oramar-Alandüz denilen yerde sadece bir yere depolananlar diyor. Bizim ele geçirdiğimiz erzaklarla bir tabur bir ay yaşayabilir. Başka yerdekileri de düşün! Nerelerden, nasıl, neyle toplanıyor ve buralara depolanıyor? Bu nedir böyle? Kimlerden toplandı? Buralara nasıl taşındı? Bunları sadece PKK'lılar mı topladı ve taşıdı? Çıldırmamak işten değil! Güya bir sürü istihbarat kurumu var bu devletin! Nerede ne iş yapar bu kurumlar? Ve biz buralarda karın, yağmurun, çamurun, ayazın, bıçaktan farksız soğuğun içinde debelenip duruyoruz. Tamam, bizim azmimiz ve inancımızda en küçük bir azalmayı yok, hırslıyız. Böyle giderse bizim ülkenin başına daha çok şeyler gelecek. Kimse şaşırmamalı."

"Senin bu saydıklarını yüzbaşımız bilmiyor mu sanki. Ama bak, hiç istifini bozuyor mu? Bizim sorumluluğumuz bu, vazifemiz bu diyor ve hiçbir şey onu sarsmıyor."

"Biz kendimizi onunla mukayese edebilir miyiz? O bir kurşun asker ve kendini memlekete adamış. Ama biz, yarın öbür gün terhis olacak ve çekip gideceğiz. Halkın içine karışacağız. Ne anlatacağız insanlara? Anlatsak bize inanırlar mı sanıyorsun? Zaten komutanın ağzından ben bile kaç kere duydum. 'Döndüğünüzde anlatmayın. Anlatırsanız da, sizi kimse dinlemez,' diyor."

"İşin içine girince başka, dışına çıkınca başka... Nedir bu başımıza gelenler? Bu meseleler, durdu durdu da bizim kuşağı yakaladı. Bir türlü kökünden koparılıp atılamadı."

"Vatan meselesi bizim gibiler için de artık bir 'ben' meselesi haline geldi. En gururlu, en sert askerler biziz. Kimse de nasıl geri döneceğini bilemez. Dişlerimizle çukur kazmak gerekirse onu da yaparız."

"İyi güzel de sana bir şey söyleyeyim mi? Askere gelmeden önce bir büyüğümüz söylemişti: 'Cesaret, ödünün koptuğunu senden başka kimsenin bilmemesidir.' Kimse eve torba içinde dönmek istemez. Bizim işimiz düşmanı bulmak ve onu yok etme yeteneğimizi bütün güçlüklere rağmen korumaktır. Amaaan, kafam taş gibi oldu, işlemiyor artık."

Kol komutanları yanındayken Yüzbaşı Tayfun, radyodan özel frekansa girdi ve kriptolu mesajı gönderdi: "Tonlarca erzak tahrip. Çok sayıda silah ve cephane beraberimizde. Yanımızdakinin ve silahların teslimi yarın uygundur. Teslim mevkii ulaşabileceğimiz noktalardan biridir. Kesin koordinatlar ancak yarın verilebilir."

Kol komutanlarına yarınki planını söyledi:

"Yarın gündüz burayı terk ediyoruz. Bugün indiğimiz yerden vadiye geçeceğiz. Bu kez, güneybatı istikametinde ters yönde ilerleyeceğiz. Çığlı Suyu'na batıdan katılan bir dere var. Onun açtığı yolu ve Akdağı Boğazı'nı takip ederek gene Oramar'da, yıllar önce terk edilmiş olan Çanaklı köyüne ulaşacak, bu köyün batısındaki dağ yolundan Han

Yaylası'na çıkacağız. Yürüyüş hızımızı da dikkate alarak tespit edeceğimiz bir mevkiye helikopter isteyeceğim. Yanımızdakini, silah ve mühimmatı helikoptere teslim edeceğiz."

"Sonraki yönümüz ne olacak komutanım?" diye sordu üsteğmen.

"Han Yaylası'ndan itibaren tamamen güneye doğru yürüyerek Çukurca'nın on beş yirmi kilometre batısındaki boğaz ve vadilerin birine konuşlanacağız. Bu hareketimizde Kuzey Irak'ta bulunan Avaşin-Mezi Karyaderi kampının hizalarındaydık. Şimdi de yine Kuzey Irak'taki Zap-Şive kampı doğrultusuna geçerek orada avlanacağız."

Bu kez Teğmen Aykut, "Yükleri teslim ettikten sonra katırlar ne olacak?" diye sordu.

"İnsanların yaşadığı bir köye süreceğiz onları. Köye bizden birilerinin gitmesine ihtiyaç yok. Katırlar belli bir mesafeden odun, kömür ve tezek kokusunu alır ve dosdoğru oraya kendi başlarına giderler."

Tam konuşma bitmişti ki, yanık ve içten bir ses bütün hüznüyle evin içini sardı. Belli ki kimse uyumuyordu.

"Hem okudum, hem yazdım
Yalan dünya senden bezdim. Of.

Dağlar koyağını gezelim.
Yiten yavru bulunur mu? Of.

El yazıya, el yazıya
Duman çökmüş çöl yazıya. Of

Kurban olam, kurban olam
Beşikte yatan kuzuya. Vay.

El veriyor el veriyor
Orta direk bel veriyor. Of.

Döndüm baktım sağ yanıma
Mehmetçik can veriyor vay."

Yüzbaşı epey bir süre sustu. Kör ışıkla yarı aydınlanan yüz kasları gerildi.

"Söyleyen, Murat Asteğmen değil mi?" diye sordu.

Teğmen Aykut, hemen onayladı...

Dışarıda rüzgâr, henüz eski karın üzerine tam tutunamamış olan kar taneciklerini kovalıyordu. Soğuk, benden kurtulamazsınız, diyordu sanki. Bulutlar ise yere inmek için talimat bekler gibiydi. Kulaklı, peçeli ya da alaca olabilirdi ama sesinden en büyük baykuş türü olan puhu olduğu anlaşılıyordu. Puhunun tiz ve karanlığı yırtan ürpertici çığlığı nöbettekilerin sinirlerini altüst etti.

Ve biri dayanamayıp, "Allah belanı versin," diye bağırdı.

7

Şafağın ilk ışıklarının sökmesiyle gelen sisli ve dumanlı bir günün sabahında, sırt çantaları ve silahlarının son kontrollerini yapmaya başladılar. Yaptıkları sıcak banyo hepsine son derece iyi gelmişti. Bugün, belki tüm gece uzun ve sıkı bir yürüyüş yapacaklarından ayaklarına merhem sürdüler. Silah ve mühimmat yüklü çuvalların katırlara yüklenmesi ve sağlam bir şekilde bağlanması biraz zamanlarını aldı. Bu iş iyi yapılamadığı takdirde iniş çıkışlarda can sıkıcı durumlarla karşılaşmaları kaçınılmazdı.

Müfreze yürüyüş tertibini, önde Buzkıranlar, ortada katır kolu ve arkasında Balabanlar olarak aldı ve hep beraber eski Kapaklı köyünü terk ettiler. Önce Çığlı Suyu Vadisi'ne indiler, sonra güneye dönerek patika yolu takibe başladılar. Bir saat sonra ise doğuya döndüler. Takip ettikleri bu yön de, Çığlı Suyu'na doğudan katılan bir derenin içinden aktığı fakat yanları daha alçak olan başka bir vadiydi. Önde yürüyen Buzkıran kolu aralarındaki mesafeyi yirmi beş otuz metreye çıkararak emniyet tedbirlerini artırdı. İki kişiyi de öncü olarak görevlendirdi. Ne kadar güvenilir ve doğruya yakın olsalar da, eldeki bilgilerden Oramar'ın hiçbir zaman tekin bir yer olmadığını biliyorlardı. Bütün dağlar, özellikle bu bölgedeki dağların boğazları, vadileri, geçitleri, kanyonları her zaman her şeye gebeydi. Buralarda, "Olmaz olmaz," demek, gaflete düşmekti.

Bir saat sonra vadiden çıktılar ve uzaktan, terk edilmiş Çanakçı köyünün damları karla kaplı, pencereleri zor görünen evlerini gördüler. Yüzbaşı, üsteğmene, "Biz hızımızı düşüreceğiz. Yay düzeninde köye yanaşıp inceleyin. Görünen evlerin damlarında neredeyse bir metre kar var. Bu, onların kullanılmadığını gösterir. Bulunduğumuz yerden göremediğimiz evler de olabilir. Köy temizse işaret verin."

Üsteğmen adımlarını hızlandırarak öncü askerlerin yanına varınca kol işaretleriyle Buzkıranları yay düzenine soktu. Arkadan gelenler yarım adımla yürüyüşlerini sürdürdü. Ancak, katır kolunu geride bırakıp öne çıktılar ve onlar da hat düzenine geçerek görüş ve ateş sahalarını genişlettiler.

Uzun sürmedi, Üsteğmen Metin geriden gelenlerin görebileceği bir yere gelerek sağ kolunu bel hizasına getirip birkaç kez yere paralel olarak hareket ettirdi. Bu, "Temiz," demekti.

Çanaklı'da evlere girmeden önce etraftaki ağaçların altında dağınık bir düzende kırk beş dakikalık bir mola verdiler. Yıllardır sahipleri olmayan, bakımsız ve meyveleri mevsiminde toplanmayan sıra sıra beş elma ağacı vardı. Köy, sırtını bundan sonra tırmanacakları Han Yaylası'nın doğu yamaçlarına dayamıştı. Civarı düz ve yayvan olan köyde, karın kalınlığı yarım metreden fazlaydı. Bu demekti ki Han Yaylası burayı dibi kırmızı mumla aratırdı.

Müfreze komutanı, özel işaretli haritasına göz atıp yeniden çantasına soktu. Radyo frekansını ayarlayarak mesajı kriptolayıp gönderdi:

"Teslim noktası XATYSM olacak. İki saat sonra hazır. Afat güneye doğru."

Kısa bir süre sonra karşılığı geldi: "Alındı, anlaşıldı."

Yeniden yola koyuldular. Çanaklı'dan Han Yaylası'na tırmanışa geçmek, kar olmasa bile çok zordu. Hele katırlarla hiç olmazdı. Güneye doğru yürüyerek Han Yaylası ile Rejgar Dağı'nın meylinin kırılarak bitiştiği hatta geldiler. Bu mevki aynı zamanda Oramar'ın Han Yaylası'ndaki en güneydoğu ucuydu, Rejgar Dağı'nın ise en kuzeydoğu noktasıydı. Kuzeye doğru, karla kaplı olmasına rağmen hâlâ belirgin olan, eskiden köylülerin kullandığı dağ patikasına tırmanmaya başladılar. Şimdiki haliyle yol ancak bir keçinin hareketine imkân verebilecek durumdaydı. Birkaç kere katırlar tökezledi. Yükü ile devrilen de oldu. Yük çuvalları kuvvetli sarıldığından hayvan yıkıldığı yerden kendi kendine doğrulamadı. Onu yeniden ayağa kaldırmak için büyük çaba gösterdiler. Sırtlarındaki çantalar ve silahlar her geçen dakika daha da ağırlaştı. Dağ köylüleri bir yamaca doğrudan çıkmanın insanın nefesini kısa sürede keseceğini bildikleri için, bu yolu da münhani yürüyüşü şeklinde; yani, önce sağa sonra da sola doğru belli bir mesafe yürüme biçiminde, helozoni bir yapıda kullanmışlardı. Müfreze de bu kavislere uygun olarak çıkışını sürdürüyordu. Aslında yapılan iş bu mevsim koşullarında, doğanın kabul ettiği ölçüleri zorlamaktı. Kış şartları olmasa bile geçiş, tırmanış ve yürüyüş güçlüğü dağların yüksekliğinden çok yamaçların dik ve yalçın olmasından ileri gelir. Bu tırmanışta da aynı durumla karşı karşıyaydılar.

Yokuş bittiğinde, ucu bucağı olmayan sonsuz bir beyazlıkla karşılaştılar. Ünlü Han Yaylası, 1924 yılında İngilizlerin desteği ile başlatılan Nasturi İsyanı'nda tüfeklerin ilk patladığı yer, diz boyu kar tabakasıyla örtülüydü. Görüntüsünün uçsuz bucaksızlığı can sıkıcıydı. Bakana, "Bu kar çiğnemekle bile ezilemez," duygusu veriyordu.

Yokuştan birkaç yüz metre kuzeye doğru yürüdükten sonra durup biraz soluklandılar. Gökyüzü kapalıydı ama görüş mesafesi iyiydi. Halen Han Yaylası'nın doğu kenarında sayılırlardı. Gayriihtiyari geldikleri tarafa baktılar. Buzul Dağı, Ulu Doruk, Sat Dağları, Tove ve Rejgar Dağı'nın yalçın kayalıklı başları, yeryüzüne meydan okur gibiydi. Ortalarında yer alan Oramar bölgesinin muhafızları biziz dercesine bir duruşları vardı.

Müfreze komutanı, Teğmen Aykut'a, "İki yüz metre daha ileri gidin ve yükleri bir noktaya, yan yana indirin ve katırlarla birlikte bulunduğumuz yere gelin," talimatını verdi.

Balabanlarla birlikte hareket eden PKK'lı da gitmeye kalkışınca yüzbaşı, "Sen burada kal!" dedi.

Esasen gitmeyi ve müfrezeden ayrılmayı hiç istemeyen PKK'lı Hizan, buna çok sevindi, hatta inanamadı.

Bu durumu gören komandolar da şaşırdılar.

Komutan herhalde bunu başka bir plan için yanımızda tutuyor, diye düşündüler.

Buzkıran kolunun beklediği yerden iki yüz metre uzağa on beş çuval silah ve mühimmatı topluca bırakan Balabanlar, boş katırlarla beraber geri döndüler.

Yarım saati geçti geçmedi, sonsuz gibi algılanan kar deryasının kuzey ufkundan hafif bir ses çıkaran siyah bir nokta belirdi. On dakika sonra helikopter yüklerin bulunduğu noktada havada sabitlendi, iri bir kuşun kontrollü bir şekilde yere konması gibi yavaş yavaş yere doğru alçaldı.

İniş bölgesi alabora oldu. Bir ara helikopter bile kar bulutundan görünemez hale geldi. Helikopterden dört asker indi ve yerdeki çuvalları helikopterin içinde bekleyenlere vermeye başladı.

Yüzbaşı, Uzman Çavuş Halil'i çağırdı.

"Al bu oğlanı ve bu mektubu helikoptere götür. Mektubu pilotlara ver. Bunun durumunu anlatıyor."

Halil hemen fırlayıp PKK'lının kolundan tuttu onu ileri itti. "Hadi oğlum koş koş. Yoksa helikopteri kaçırırız."

PKK'lı sendeledi, şaşırdı ve korktu. Beklemediği bir şey olmuştu. Halil Çavuş'un, "Bak, hâlâ yürüyor. Ayakların kıçını dövsün. Koş ulan. Yoksa şimdi başlarım ha!" dediği duyuldu.

PKK'lının da binmesinden sonra motorları susturulmamış olan helikopterin havalanmasıyla karların havayı bembeyaz buluta çevirmesi bir oldu. Müfrezenin üzerinden geçerken iki pilot da aşağıdakileri selamladı. Oramar üzerinde bir miktar süzülen helikopter, tekrar kuzeye dönerek kısa bir süre sonra ufukta kayboldu. Karların ortasında kalanlar da karmaşık duygularla onun arkasından bakakaldılar.

PKK'lıyı helikoptere götüren Halil Çavuş, yüzbaşının yanına geldi.

"Komutanım, helikopterin teknisyen astsubayı söyledi. Pilotlar, size iletmemi istemişler. Birkaç saat içersinde nadir görünen bir fırtına gelebilirmiş."

Müfreze hiç vakit kaybetmeden yürüyüş düzeni alarak güneye, Çukurca'nın batı istikametine doğru hareket etti. Beş katır en arkada birbirine bağlıydı ve önde hepsini yedekleyen bir komando vardı.

İkindi sıraları, birden gökyüzü simsiyah oldu. Önde yürüyen komandolar diz boyu karı çiğnemekten yorgun düştüklerinde arkaya alındılar. Çöken hava görüş alanını birkaç metreye düşürdü, arkasından da yeri göğü birbirine katan bir tipi ve kar fırtınası bastırdı. Sonsuz bir beyazlık içinde ilerliyorlardı. Herkes kar gözlüklerini takmış ve kapüşonlarını başlarına geçirmişti. Kimse beş metre önünde yürüyenden başka bir şey görmüyordu. Hepsinin sırtından sel gibi ter akıyordu. Solukları buz gibi havada dağılıp gidiyordu. Sürekli ilerliyor, öndekinin bıraktığı derin izden başka bir yere bakmıyor, ayaklarını öndekinin bıraktığı ayak izinin tam üstüne basmaya çalışıyorlardı. Rüzgârın taşıdığı sertleşmiş kar parçacıklarının yüzlerini yaralanmasından çekindikleri için başlarını kalkık yakalarının arasına soktular. Yüze, bir bıçak veya deri kamçı gibi vuran keskin rüzgâr; her şeyi, kederi olduğu kadar sevinci, korkuyu olduğu kadar cesareti de uyuşturuyordu.

Yüzbaşı sık sık saatine baktı ve pusulayı kontrol etti. Yürüyüş kolunun kenarına çıkıp durdu ve yanından geçenlere, "Ha gayret evlatlar! Ha gayret!" diye bağırdı.

Kimse kaç kilometre ve ne kadar süre yürüdüler hiç hesaplamadı. Fakat şimdi baş aşağı yürüdüklerini fark ediyorlardı. Baş aşağı, sürekli baş aşağı gidiyorlardı. Fırtına ise yukarıda, geride kalmıştı. Kar kalınlığı da gittikçe azalıyordu. Bu Han Yaylası'nın güney ucuna geldiklerinin ve çöküntü bir alana doğru indiklerinin işaretiydi. İndikçe görüş mesafesi de arttı ve rüzgârın şiddeti kesildi.

Nihayet, küçük bir koru ve bir derenin iki tarafına dağılmış, toprak evler gördüler. Burası Kazan Vadisi'nin çıkışında, doğu kısmında bulunan Taşbaşı köyüydü. Birkaç bacadan titrek dumanlar yükseliyordu. Boğuk bir köpek havlaması duyuldu.

Müfreze komutanı iç geçirdi ve, "Paçayı iyi sıyırdık," dedi, derin bir nefes alarak Teğmen Aykut'a, "katırları köye doğru sürün. Onlar nereye gideceğini iyi bilir," dedi.

Müfreze indiği vadide, Taşbaşı köyünün tam tersi istikametinde, doğuya doğru yürüyüşüne devam etti.

Kar, bir saati geçmeden, vadiye inerken geride bıraktıkları bütün izleri tamamen kapattı. Bu güzergâhtan hayvan dahil herhangi bir canlının geçebilmesi veya geçmeye kalkışması hayal bile edilemezdi.

Güney yanı Çukurca Karadağ'a dayalı, kuzey kenarı daha düşük rakımlı olan vadi boyunca doğuya doğru bir saat kadar yürüdüler. Konuşlanmak için uygun bir yer aradılar. Mağaradan bol yer olmayan bu dağlarda, aradıklarını bulmaları uzun sürmedi. Ayı ini gibi gözden iyice gizlenmiş bir yer tespit ettiler. Mağaranın ağzından eğilerek giriliyor, içeri girdikten sonra ise tavan iki insan boyundan daha yükseğe çıkıyordu. İçeride birkaç dirseği olan dev mağaranın uzunluğu yetmiş seksen metre kadardı.

Tabanında herhangi bir dere veya çay gibi akarsu bulunmayan bu vadinin iki yanında seyrek de olsa muhtelif cins ağaçlar vardı. Vadinin güneyindeki Karadağ'ın ötesinde jandarma sınır karakolları bulunuyordu. Onlardan sonra da Kuzey Irak sınırı başlıyordu. Çukurca, kuzey ve kuzeydoğudaki bölgelere nazaran daha ılıman ve daha az karlı olan bir mıntıkaydı. Buralar da kar altında ve elbette soğuktu fakat diğer bölgelerle mukayese edilemezdi.

Müfreze, mağara ağzının tam karşısında bulunan sırtta bir emniyet noktası tesis ederek içeriye yerleşti. İlk işleri, sırt çantaları ve diğer ilave malzemeleri çıkararak yakacak bir şeyler toplamak oldu. İçeride iki noktada özel tutuşturucularını kullanarak dumansız ateş yaktılar. Dumansız da olsa ateş ateşti. Rutubet kokan mağarayı sis ve odun kokusu sardı. Ateş hayat ve canlılık demekti, hiç kimse ne sisten, ne kokudan, ne de rutubetten şikâyetçi değildi. Sırılsıklam ve vıcık vıcık olmuş çoraplar ve botların bir an önce çıkarılması, yedek çorapların giyilmesi, botların kurutulması lazımdı. Onlar da böyle yaptılar. İç çamaşırlarını yedekleriyle değiştirdiler, çıkardıklarını ve pantolonlarını kurutmak için ateşlerin etrafında değneklerden kurutma düzenekleri yaptılar.

Herkesin teçhizatlarının bir parçası olan iki matarasının dışında, yanlarında başka su yoktu. Mataralarının birindeki suyu kullanarak çay yaptılar. Çay en kıymetli şeydi. Dağlarda ve kahredici soğuk iklimde içi ısıtabilecek tek şey oydu. Herkes kendi kumanyasından da bir miktar yedi.

Gece yarısına doğru şahsi işlerini bitirenler uyku tulumlarına girerek istirahate çekildiler. Mağaranın girişinden itibaren sekiz on metre aralıklarla koydukları bataryalı aydınlatma fenerleri ile mumlar, içerisini alacalı ve göz kırpan ışıklarıyla aydınlatıyordu.

Yüzbaşı başını eğerek mağaradan dışarı çıktı. Tam karşı sırtta bir kayayı siper yapmış olan iki gözcünün başlarını gördü. Uzun süre cansız bir nesne gibi hareketsiz durdu. Önlerinde bulunan Karadağ'a çarpmak için sanki aceleleri varmış gibi koşuşturan, bazen çok koyuya bazen de griye dönen bulutları izledi. Tek tük atıştıran kar tanelerinin yüzüne çarpmasına aldırış etmedi. Sonra içeri girdi.

Yüzbaşı, üsteğmen ve teğmen, önlerinde bir fenerle birkaç kat yaptıkları pançolarının üzerinde oturuyorlardı. Diğerleri ya uyku tulumunu boğazına kadar çekmiş uyuyor veya uyku tulumunun içinde oturuyordu. Belli ki uyuyamamışlardı.

Yüzbaşı Tayfun, "Şimdiki yerimiz burası," diye, el fenerinin ışığını haritadaki bir noktada döndürdü. "Arkamızdaki yükseklik doğu batı istikametinde bir balina gibi uzanan Çukurca Karadağı. Ötesinde bizim jandarma sınır karakolları var. Ve onların hemen önündeki hattan itibaren de Irak arazisi başlıyor. Güneybatımızda bizden kuş uçuşu on iki kilometre ileride Çukurca ilçesi var. Yanından geçerek sola, doğuya dönmüş olduğumuz köy Taşbaşı'ydı. Taşbaşı netameli bir yerde, Kazan Vadisi'nin doğu çıkışında. Kazan Vadisi'nde eski bir Ermeni köyü var. Adı Tijen. Orayı PKK hiç boş bırakmaz. Beş altı metruk evi olan çok eski bir köy. Devamlı kalmasalar bile oraya ara sıra mutlaka uğrarlar. Bulunduğumuz yer itibariyle gene kuş uçuşu mesafeyle PKK'nın Kuzey Irak'taki merkez kampı ve en ünlü üslerinden biri olan Zap (Şive) kampına on sekiz, yirmi kilometre uzaktayız."

Diğer iki subay, konuşurken tarif ettiği yerleri haritada ışıkla da gösteren müfreze komutanın anlatımını, yerdeki paftadan takip ettiler. Müfreze komutanın konuşması bitince, Üsteğmen Metin meraklı, aynı zamanda da hevesli bir ses tonuyla sordu:

"Bundan sonraki planınız ne komutanım?" Yüzbaşı öne doğru eğik olan vücudunu doğrulttu, mağaranın girişine doğru, boşluğa baktı ve sonra buz gibi bir sesle, "Zap kampını basacağız!" dedi.

Bunu duyan iki subay önce donup kaldılar. Fakat şaşkınlıkları uzun sürmedi. Sonra Teğmen Aykut, "Bu muhteşem bir şey olur komutanım," dedi.

Üsteğmen Metin ise, "Allah derim komutanım," diyerek ona katıldı.

"Baskın, baskın, baskın... Her şey bu sihirli sözcükte saklı arkadaşlar. Ben sizin rütbenizdeyken, bizim on yedi kişilik timimizin, bir tesadüf eseri, sınırlarımızın dört beş kilometre ilersinde, sabaha karşı seksen altı kişilik bir PKK grubunu yakalayıp nasıl perişan ettiğini bilirim. Baskının sonu bozgundur. Ama şunu da unutmamak lazım, 'İnsanlar plan yapar, Tanrı gülermiş!' Harekât alanı karanlıklarla doludur. Tetikte olup her fırsattan yararlanmak lazımdır. Savaşı daima bir filozof değil, pratisyen gözüyle görmeye çalışın. Birlikler, özellikle de gayrinizami savaşta habersiz ve istihbaratsız kör bir adama benzerler."

"Oranın nasıl bir yer olduğunu ve PKK gruplarının ne tarzda yerleştiğini hangi vasıtayla öğreneceğiz?" diye sordu teğmen.

"Ben senin rütbendeyken dağ komando taburlarında görevdeydim, 1995'te oraya taarruz ettik. Bir gün sürmeden Zap'ı düşürdük. Nisanın ilk haftasıydı. Yalnız Zap'a değil, aynı anda Avaşin'e de saldırmıştık. Bu harekâtı o zaman tugayca yapmıştık. Ben Zap'ta dört gün kaldım. Elbette coğrafya değişmemiştir ama içinde çok farklı tertiplerle karşılaşmak olasıdır. Çünkü aradan çok zaman geçti. Bak ben şimdi kıdemli yüzbaşıyım."

Üsteğmen Metin, "Son durum değil mi komutanım?" diye sordu.

"Evet, son durum!"

"Şimdi bizim buraya niye geldiğimiz anlaşıldı, komutanım," dedi teğmen.

"Aklıma istihbarat almak için birçok vasıta geliyor ama hepsi de zaman gerektirecek şeyler," dedi Üsteğmen Metin.

Yüzbaşı, "Neymiş onlar?" diye sordu.

"Bir PKK'lının teslim olması, bir pusu veya baskınla buralardan birkaç PKK'lı ele geçirmek, bir kaçakçıyla karşılaşmak gibi."

"Bunların hepsi de zaman içinde olabilir ama bize Zap'ın içini bilen birisi lazım. Zap'ı bilmiyorsa ne işimize yarar ki?"

İki subay zihin muhakemesi yaparken müfreze komutanı onları şaşırttı:

"Bize lazım olan adam, ilerdeki Taşbaşı köyünde!"

Üsteğmen ve teğmen, bu beklenmedik bilgi üzerine neredeyse küçük dillerini yutacaklardı.

Yüzbaşı devam etti.

"Yeter ki köyde olsun. Çünkü sık sık köyden ayrılır ve uzun süre vilayete veya bağlı ilçelere gider. Hatta bazen vilayetin dışına. Talih ve olaylar yaşamın özüdür. Savaşta ise daha da özüdür."

"Gidip bakalım, evde bulursak alıp buraya getirelim. Ama ancak gece olur değil mi komutanım?"

"Evet gece olacak ama buraya gelip gitmesi sakıncalı. Biz gideceğiz. Ben ve dört kişi daha. Dedim ya, talih bakalım bizden yana mı?"

Mağaranın ağzının yavaş yavaş ışıldaması günün geldiğinin işaretiydi. Ahmet Çavuş Balabanların mataralarını toplayıp hepsini kapak zincirlerinden bir dağ halatına geçirdi. Kendisi gibi uyuyamayan Onbaşı Ali de aynı şeyi yaptı. Mataraların doldurulması için bir kaynak suyuna ihtiyaç vardı. Köy olmayacağına göre vadi içinde böyle bir kaynak bulmaları gerekiyordu. Dışarı çıktıklarında hangi istikamete gideceklerini bir müddet düşündüler ve köyün tersine, doğuya doğru yürümeye başladılar. İkisi de sırtlarında ipe

dizilmiş mataralarla, en fazla yirmi dakika yürüdükten son-
ra bir kayalığın iki yanından yamaçtaki karların altına sızan
bir kaynak gördüler. Akan sular suyun çıktığı yerin hemen
civarındaki karları eritmiş ve kaynağın dibinde çamurdan
birer çukur oluşturmuşlardı. Gökyüzü koyu bulutlarla örtülü,
dar vadi ılıman, çevre irili ufaklı çalılarla kaplı ve seyrek de
olsa ağaçlıklıydı. Her iki yamacın tabana yakın yerleri alaca-
lı karlıydı, kullandıkları patika ise on beş santimi geçmeyen
bir kar tabakasıyla kaplıydı. Görünüşe göre de bu yolun ya-
kın zamanda kullanılmamıştı.

Mataralarını sırayla daha çok suyu dışarı veren kaynağın
ağzına dayayarak doldururlarken, Ahmet Çavuş, Onbaşı
Ali'ye, "Sen devam et, ben bir yere bakacağım," dedi.

"Niye? Ne oldu? Bir şey mi var?"

"Yok canım, önemli bir şey değil."

Ahmet Çavuş, birkaç hamlede yola indi ve sonra karşı
yamaçta bulunan dikenli bir çalılığın önüne gidip durdu.
Yerde göğsü ve iki kanadıyla kara yapışmış halde duran
küçük bir kuş vardı. Kuşu eline alarak yarası olup olmadı-
ğını kontrol etti. Göğsü kızıl, gövdesi koyu kahverengi, ka-
natları uçlarına doğru kırçıllıydı. Ahmet Çavuş kuşun yarası
beresi olup olmadığını tüylerini üfleyerek kontrol ettiğinde
de bir şey bulamadı. Belirgin bir sebep olmamasına karşın
hayvan yorgun ve takatsizdi. Kuşu avucunun içine alarak
çalılığın biraz ötesinde bulunan kayalığın yanına gitti, çev-
resini dolaştı ve bir oyuğu gözüne kestirdi. Kuşu yere bıra-
kıp oyuğu belinden çıkardığı komando bıçağı ile tabanın-
dan aşağı doğru genişletti. Şimdi, üstü ve iki yanı kapalı,
kendisine dönük yüzü ise açık bir yuva meydana gelmişti.
Üstündeki su geçirmez pançosunun eteğinden bıçağı ile

otuz santim boyunda beş altı santim eninde bir parça kesti ve bunu üçe böldü. Parçanın birini meydana getirdiği kovuğun tabanına serdi. Kuşu alıp üzerine yerleştirdi. Sonra parkasının cebinden bir bisküvi çıkarıp kuşun önüne ufaladı. Bir diğer parçayı da avuç içi haline getirerek su kabı yaptı, karları sıkıp içine koydu. En son parçayla yukarıda havalandırma yeri bırakarak kovuğu kapattı. Kovuğu kapatan parça düşmesin veya herhangi bir sebeple uçmasın diye de etrafını bol çamurla takviye etti. Kuş bitkinliği geçer geçmez üstteki boşlukları açıp uçabilir, seri bir kanat darbesi bile kovuğu kapatan naylon perdeyi devirebilirdi. Bu tip bir yardımda kuş etrafı görmemeliydi. Ahmet Çavuş'un yaptığı da buydu. Kuşun, en geç üç dört saatte kendine gelip uçması gerekiyordu.

Çamur içinde kalan ellerini karla temizleye temizleye su kaynağının yanına gitti.

Onbaşı Ali uzaktan bir şeyler görmüş ama ne olup bittiğini tam çıkaramamıştı. Ahmet Çavuş anlattı.

Onbaşı Ali, "Pes be, Ahmet Çavuş! Başkalarını bilmem ama sen cennet işini garantilemişsin. Ya peki, sonuç dediğin gibi olmazsa ne olacak?"

"O zaman doğa, bu sorunu kendi yasalarına uygun bir biçimde halledecektir."

Dolu mataraları tespih gibi yeniden dağ halatına dizerek sırtlarına vurup sığınağın yolunu tuttular.

Müfreze komutanı ve Üsteğmen Metin mağaranın dışındaydı. Birkaç kez şimşek çaktı ve gerilerde bir yerlerde gürültüyle yıldırım düştü.

Üsteğmen, "Buralarda her şey ne kadar farklı. Normalde şimşek ve yıldırım, bahar ve yaz aylarında görünür. Burada kışın göbeğinde şimşekler çakıyor, yıldırımlar düşüyor. Her şey bir acayip komutanım."

"Sen buralarda hiç normal olan bir şeye rastladın mı? Burası, zamandan, mekândan ve bilinen her şeyden uzak bir bölge. Havası da, dağı da, karı da, soğuğu da asar-ı atika!"

"Halkın durumu da metcezir halinde. Ortada kalmış bir haldeler," dedi üsteğmen.

"Maalesef buna sebep olan mevcut hükümetler ile onların çokbilmiş bürokratları. Memlekette, ne yaptığını bilen insanlar da var, ne yaptığını bilmeyen insanlar da. Ne yazık ki, ne yaptığını bilen insanlar azınlıkta."

"Bunu, mücadelenin uzaması bu hale getirdi değil mi komutanım?"

"Gayet tabii. İşe ciddiyetle ve inançla sarılmadılar ki, lafla peynir gemisi yürüttüler yıllarca. Elbette her şeyin başı ve sorumlusu hükümettir ama yıllarca bu işi biz silahla bitiririz diyenler kim? Çuvaldızı hükümetlere batırırken kendimize de iğneyi batırmalıyız. Anlayacağın aşağısı sakal yukarısı bıyık. İki tarafta da tükürük var."

"Çok iyi anlıyorum," dedi üsteğmen.

"Metin, Taşbaşı köyünü gözetlemek için iki kişi görevlendir. Fazla ileri yanaşmasınlar. Dürbünlü olsunlar. Basit bir krokiye köyün planını çıkarsınlar. Hava kararınca dönsünler ve beni görsünler."

Üsteğmen, "Baş üstüne," deyip ayrıldı.

Şahsi teçhizatlarına bakım yapan birkaç komando hariç diğerleri mağaranın dışında birer ikişer oturuyordu, buldukları kayalara ya oturarak ya da yaslanarak duruyor, birbirleriyle konuşuyor veya şakalaşıyorlardı. Kapalı yer insanı hüzünlendiriyor ve ruhunu baskı altına alıyordu.

Köyü gözetlemeye giden Asteğmen Tekin ve Uzman Çavuş Halil dışında herkes, konuşlandıkları yerde kalmıştı. Müfreze komutanının etrafında Üsteğmen Metin, Teğmen Aykut, Asteğmen Murat, Başçavuş Mustafa ve Üstçavuş Ömer vardı.

Yüzbaşı, "Mustafa sen en son ne zaman izne gitmiştin?" diye sordu.

"Beş ayı geçti komutanım."

"Nasıl ailen ve dostların iyiler mi? "

"Ne kadar iyi görünseler de hep kaygılı ve hep endişeliler, ta ki ben buradan dönünceye kadar."

"Niçin öyleler?"

"Bu işin sonunun gelmeyeceğine ve bitirilemeyeceğine inanmışlar."

"Neden böyle düşünüyorlar?"

"Umutsuzlar komutanım. Ne olup bittiğini de tam anlayamıyorlar. Bitsin istiyorlar ama kim bitiremiyor, niye bitiremiyor, anlamakta zorlanıyorlar."

"Onların, batıdakilerin hiç suçu yok. Bu yanardöner medya ve işbirlikçi Levantenler olup bitenlerin ne kadar doğru ve gerçekçi olduğunu yansıtamıyor da onun için," dedi yüzbaşı.

"Ben izindeyken, bizim oralardan şehit düşmüş bir çocuğun cenaze merasimine katıldım. Olup bitenleri uzaktan izledim. İnanır mısınız komutanım, utandım ve yerin dibine geçtim. Tamamen, saman alevinden farksızdı toplum. 'Şehitler ölmez, vatan bölünmez,' klişe laflarıyla bağırıp durdular. Bunları uzaktan inceledim. Sanki suni bir havayla doldurulmuş balonlardan farksızdılar. Ve on yıllardır bu içi boş kalabalıklar hep aynı şeyleri yaptılar. Sonuç ne? İşte geldiğimiz nokta. Hele, musalla taşının etrafına dizilen o siyasi partilerin temsilcileri yok mu? Onları dişlerimi sıkarak izledim ve kendi adıma yakası açılmamışlarla nasiplendirdim. Şehidin defninden sonra, ki hiç bilip tanımadığım, genç yaşta hayatını ülkesi için feda eden rahmetlinin mezarının başında sadece ben, anne ile babası, genç yaşta dul kalan bir kadın ve üç yaşında küçük bir oğlan kaldık. Ertesi gün ise, ki bizim orası küçük bir yer, her şey eski tas eski hamamdı. Bu anlattıklarım her taraf için geçerli."

Mustafa Başçavuş'un anlatımı boyunca hepsi başlarıyla onayladı. Demek herkes benzer şeyleri yaşamıştı.

Yüzbaşı Tayfun, hiçbir zaman mevcut hükümetleri ve buraları sevmediğini bildiğinden, Asteğmen Murat'a, "Ne dersin Murat?" diye sordu.

"Yaşam yoğunluğu, dağ havası, eşsiz gökyüzü, başı dik doruklarla burası sanki başka bir gezegen. Öyle hissediyorum ki biz, beceriksiz adamların yönetiminde Han Yaylası'ndaki gibi karların içine gömüldük, vadi tabanlarındaki cıvık cıvık çamurlara battık. Çıkabilir miyiz? Hiç sanmıyorum. Çünkü olayları siyasi ve genel askeri stratejiler yönünden Ankara'daki hükümet yönetmiyor. Tersine her şey ABD ile Avrupa'nın sinsi sinsi ve sabırla yürüttüğü siyasal ve ulusal çıkarlarına göre ilerliyor. Buna inanan olur, olmaz! Anlayabilir, anlayamaz! Benim bilgim, görgüm ve kültürüm bunu görüyor, bunu algılıyor ve bu hükmü getiriyor."

Yüzbaşı başını kaldırıp koyu bulutlara ve onların güneye doğru koşuşturan telaşlarına uzun uzun baktı. Sonra, "Hanginiz daha iyi türkü söylüyor? Çıksın ortaya bakayım," dedi.

Hepsi bir başkasını işaret etti. Bir süre sonra, herkesin ittifak halinde olduğu, parmaklarının işaret ettiği kişi, Komando Er Tahsin oldu.

Yüzbaşı, "Hadi bakalım Tahsin, herkes seni istiyor," dedi.

Tahsin mahcup bir şekilde, sağa sola baktı, kızardı ve kurtuluşu olmayacağını anladığı için de itiraz edemedi.

Henüz başlamamıştı ki yüzbaşı, "Evleneli kaç yıl oldu Tahsin? Kaç çocuğun var?" diye sordu.

Tahsin, "Üç yıl oldu komutanım. İki yaşında bir oğlum var. Ellerinizden öper," diye cevap verdi.

"Hadi, seni dinliyoruz," dedi müfreze komutanı.

"Çekip gittin buralardan
Canımın canı neredesin
Gittiğin yol çok mu uzak
Dönülmeyen yerde misin
Gel yağmur gel
Gel rüzgâr ol gel
Bulutlar yoldaşın olsun
Allahım seni korusun
Yolun açık aydın olsun
Turnalara tutun da gel
Gel yağmur gel
Gel rüzgâr ol gel
Şimdi hangi yaban elde
Belki dağda esen yelde
Allah aşkına dön gel de
Şu gönlüme bayram olsun."

Sanki herkesin istediği bu türküymüş ve istekleri yerine gelmişçesine Tahsin'i alkışladılar. Karşı sırtta nöbette olan komandolar dahil.

Taşbaşı köyünü gözetleyen Asteğmen Tekin ile Uzman Çavuş Halil, havanın kararmasından yarım saat sonra sığınağa dönüp raporlarını müfreze komutanına verdiler. Köyün basit ve ölçeksiz krokisini takdim eden asteğmen, "Köyde dikkatimizi çeken, köy yaşamının bilinen günlük hayatı dışında tespit ettiğimiz hiçbir şey olmadı. Birkaç evden plastik bidonlarla köyün meydandaki çeşmesinden su almaya giden kadınlar, ikindileyin camiye gidip sonra evlerine dönen yaşlı adamlar, bazı ahırlardan dışarıya çıkarılıp kısa bir süre sonra yeniden ahıra sokulan hayvanlar dışında hiçbir hareket tespit edilmedi. Köyün en dışındaki evin önünden hareket edip ayrılan kırmızı renkli bir otomobil de üç saat sonra döndü ve aynı evin önüne park etti. Araç şoförü ile gitti ve gene şoförü ile döndü. Araçtan inen adam gene çıktığı eve girdi," diye bilgi verdi.

Sözlü raporu alan müfreze komutanı asteğmen ve uzman çavuşa teşekkür etti. Gözü, kâğıda çizilen köyün yerleşimindeydi. Bir şeyi tespit etmeye ve hatırlamaya çalışıyor gibiydi. Bir daha, bir daha baktı. Zihnini ve belleğini ölçüyordu. Bu durum on dakikayı geçti. İstediğini bulmuş veya hatırlamış gibi başını krokiden kaldırdı. Tekrar, "Sağ olun, gidebilirsiniz," dedi. Teğmen Aykut'u çağırdı.

"Aykut benimle beraber köye sen geleceksin. Yanında Başçavuş Mustafa, Uzman Çavuş Ziya, Uzman Onbaşı Cengiz olacak. Saat 22:00'de hareket edeceğiz. Yanınızda sadece silah ve mühimmatınız olacak. Hazırlık yapın."

Teğmen sevinerek, "Emredersiniz," dedi ve ayrıldı.

Saat tam 21:45'te yüzbaşı ayağa kalktı. Palaskasının sağ tarafından aşağı doğru sarkan, artık siyaha dönmüş olan deri kılıfın içindeki tabancanın emniyetinin açık olup olmadığını kontrol etti ve yerine soktu. Sonra deri kılıfın ucunda sarkan deri sicimleri sağ ayağının baldırına çok sıkı olmayacak şekilde bağladı. Aynı işlemleri palaskasının solunda dizlerine kadar uzanan komando bıçağı için de yaptı. Her zaman yapmazdı, bu gece gözlerinin altı ve yüzünün parlayan kısımlarını da siyah kamuflaj kalemiyle karartmıştı. Tüfeğinin ucuna bomba atar da takılmıştı.

Saat tam 22:00'de mağaranın girişinden dışarı çıktı. Diğer dört komando da onu takip etti. Ne çok zifiri karanlık ne de aydınlık bir geceydi. Kar her zaman olduğu gibi arazinin görünebilirliğine beyazlığı ile yardım ediyordu. Yağış yoktu, patika yol yarı çamurlu, yarı karlı sayılırdı.

Yarım saati geçmedi, uzaktan köyün puslu ve kör ışıkları göründü. Tezek ve odun kokusuyla karışan bacalardan tüten dumanların yoğunluğu ise yaklaştıkça arttı. Kör ışıklar ve gelen yanık kokuları olmasa dışarıdan bakıldığında burada insan varlığına dair bir emare görünmüyordu. Bu köy diğerlerine nazaran daha bir ağaçlıktı. Köyün ilk evlerine iki yüz metre kalınca yüzbaşı çömeldi ve diğerlerini işaretle yanına çağırıp talimat verdi:

"Bu köy emniyetli bir yer değildir. Hem PKK yanlıları hem de PKK karşıtları vardır. Ama iç içe yaşamaya alışmışlardır. Ben köyde bir eve girip görüşme yapacağım. Benimle içeriye Teğmen Aykut gelecek. Mustafa Başçavuş, sen iki uzmanla evin güvenliğini sağla. Belki de aradığımız kişi evde değil. O takdirde hızla köyü terk edeceğiz. Anlaşıldı mı?"

Hepsi kısık sesle, "Evet," diyerek ve başlarını da sallayarak anladıklarını gösterdiler.

Köyle aralarında yayvan bir yamaç vardı. Yüzbaşı adımlarını hızlandırdı, tüfeğini kalçadan ateş durumuna getirdi.

Ötekiler de aynı pozisyona geçtiler. Yüzbaşı köyün içine girmedi. Kuzeye doğru en dışarıda yer alan evlerin etrafından dolaşarak ilerlemeye devam etti. Köyün sonuna gelmişlerdi, önlerinde şimdi iki ev kalmıştı. Evlerden köye doğru olanın yanında ilave bir ahır ve gelişigüzel çitlerle çevrili bir ağıl vardı.

Yüzbaşı içinden, *bu!* dedi.

İşaretle teğmene, "yaklaş", başçavuşa da, "düzen al" talimatı verdi.

Evin kapısı güneye bakıyordu. Sadece bir odada ışık vardı. Yüzbaşı saçla kaplanmış kapıya, üç kere uzun, bir kere kısa şekilde vurdu. Ses çıkmayınca tekrarladı.

Yaşlı bir kadın sesi, "Kimdirsiniz? Ne istersiniz?" diye sordu.

"Ben Yüzbaşı Tayfun. Eski Üsteğmen Tayfun. Tebriz Ağa ile görüşmeye geldim."

"Kendisi yoktur. Başka yerlerdedir. Gelirse aradığınızı haber veririm."

Konuşmasından kadının dişsiz olduğu anlaşılıyordu.

Yüzbaşı devam etti.

"Ne zaman gelir?"

"Heç bilinemez."

Yüzbaşının tetikteki kulağı, kapının arkasına birinin daha yaklaştığını, yürüyenin sessizliğe özen göstermesine rağmen duydu.

Ve hiç tereddüt etmeden, "Tebriz Ağa, ben Yüzbaşı Tayfun, hani o Şorti Köprüsü'ndeki pusudaki Üsteğmen Tayfun!" dedi.

Birkaç sürgü çekme sesinden sonra kapı yarı yarıya açılınca yüzbaşı ve teğmen hemen içeri süzüldüler.

Tebriz Ağa, "Ah be kumandan, hayır mıdır, şer midir, gecenin bir yarısında gene karşımdasın. Gurbanın olam, bu bizim koca karıya kusur görme, emi. Neler çektiğimizi sen bilmez misin?" dedi.

"Ne kusuru Tebriz Ağa, ne yapsın teyze? Hele içinde bulunduğunuz, neyin ne olduğu bilinmeyen bu zamanlarda."

"Yemek, siz yemek yememişsinizdir. Bizimki hemen sofra kursun. Allah ne verdiyse artık, kusura kalmayın ama."

"Sakın ha, Tebriz Ağa. Yemekle, onunla bununla hiç vakit kaybedecek halimiz yok. Ama çay veya kahve gibi bir şeyler olursa makbule geçer."

"Hanım hanım! Beylere çay, süt, ayran, kahve hepsinden getir. Ama hıznan ha! Vay anasını be! Seni buralara, bu ellere, gene hangi rüzgâr attı?"

Rütbelerini parkaları kapattığı için görüp anlayamadığından teğmeni göstererek, "Bu civanın nişanı nedir?" diye sordu.

"Teğmen," dedi yüzbaşı.

"Hele bak, teğmen kumandan. Şayet bu adamların adamı kumandan olmasaydı, ben dahil asker sivil, çok kişi çoktan tahtalı köyü boylamıştık. Onun yanındakiler hep şanslı olmuştur. Ah bir bilsen, neler görüp geçirdik, ne kimse sorsun ne de ben söyleyeyim."

Yüzbaşı, "Buralarda ortalık nasıl, Tebriz Ağa?" diye sordu.

"Sen hiç bilmez misin? Kötünün de kötüsü beyim. Bizim gibilerin artık buralarda yaşaması ancak Pekeke'ye taraf olmakla mümkündür. Gidecem, gitmek isterem ama bu yaştan sonra, bu koca karıyla nereye gidip ne yapacam? Çocuklar da bırak gel derler, ama bu toprağa bağlı köküm yok mu? Ondan geçemiyorum. Bizim için artık buralarda hayır da şer de bir oldu anlayacağın."

Başını odanın kapısına çevirip bağırdı:

"Hadi, çabuk ol be kadın. Bir ayağını atarken ötekini köpek kapıyor."

Odun ve tezekle ısıtılan bir soba yanıyordu içeride. Loş bir ışık odayı zor aydınlatıyordu. Bağdaş kurmuş olarak yerde oturuyordu üçü de. Yaşlı kadın çaydanlık, demlik ve bardaklar bulunan tepsiyi önlerine bırakıp çıktı.

Müfreze komutanı, "Tebriz Ağa, senin malumatına ihtiyacım var. Biliyorum, bu mıntıkada senin bilgin ve haberin olmayan hiçbir şey yoktur. Bana yardım etmeni istiyorum," dedi.

"Ah kumandanım, bir zamanlar öyleydi de artık eskisi gibi yapamıyorum. Her şey bir âlem oldu. Ama sen gene de, de bakalım!"

"Tebriz Ağa ben seni iyi tanırım. Bu işlerde benim diyeni sen okutursun."

"Ne bileyim. Ne desem yalan olur. İsteğin başım gözüm üstüne. Senin iyiliklerini insan olan unutamaz. Gözüne dizine durur."

"Zap kampının son durumunu, orada ne olup bittiğini öğrenmek ve basit bir krokisini almak istiyorum."

Yüzbaşı Tayfun'u çok iyi tanıyan Tebriz Ağa, bu istek karşısında hiç mi hiç şaşırmadı.

"Başım üstüne ama sen çok ayrıntılı bir şeyler istiyorsun, öyle mi anladım."

"Evet, doğru anladın."

"Genel yapıyı sen de bilirsin. Ben de bilirim. Şimdiki durumu, her bir şeyiyle istersin. Hemen mi lazım?"

"Evet, olabildiğince çabuk."

"Hiç değişmemişsin. İnsan yedisinde ne ise yetmişinde de odur diye, eskiler boşuna söylememişler."

"Tebriz Ağa ben köye yakınlarda bir yerdeyim. En fazla kalsam iki üç gün kalırım. Bilemedin biraz fazla."

"Pekeke, bu kara kışta, kış uykusuna yatmış ayılardan farksız. Ortaya çıkamaz ki. Daha fazla da kalabilirsin."

"Mesele o değil. Üstelik biz fellik fellik onu arıyoruz. Ama demir tavında dövülür. Yapılacak bir işi niye uzatalım. Sizin gerinizdeki Kazan Vadisi'nde durum ne?"

"Oradan ne zaman eksik oldular ki? Ama bu mevsimde kendilerine göre savaşçı grupları değil de altı ila sekiz kişilik, 'irtibat' dedikleri birileri var. Bilirsin bizim tek yolumuz o vadiden geçer. Ara sıra bir ikisini uzaktan görüyorum."

"Anladım. Bilgi çok çabuk lazım Tebriz Ağa. Kazan Vadisi'ne de bir alıcı gözle bakar mısın? Tijen'deler değil mi?"

"Hem bilir hem de sorarsın komutan!"

"Bizim için bir keşif yap anlamında söyledim. Keşif yapmak için zaman harcamayalım, onu kastettim."

"Bana ne kadar zaman tanıyorsun?"

"Azami iki gün Tebriz Ağa!"

"Artıramaz mısın beyim?"

"Olmaz, Tebriz Ağa. Bilirsin, bu tip işler uzadıkça tavsar. Biz tekrardan buraya mı gelelim yoksa sen bizim bulunduğumuz yere mi gelirsin?"

"Ben sizin yanınıza geleyim. Buralarda şeytanın hem kulağı hem de gözü var."

"Sana yerimizi tarif edeyim," dedi yüzbaşı.

Tebriz Ağa güldü. Mıntıkada gizlenebilinecek ve yaşam sürdürülecek bir yer olacak da o bilmeyecekti!

"Ben söyleyeyim, bakalım tutturabilecek miyim? Karadağ'ın solundan giden eski kaçakçı yolu üzerindeki büyük mağara mı? Çok eskilerden orada bir ayı ailesi yaşardı."

Yüzbaşı hiç şaşırmadı. Teğmenin ağzı açık kaldı.

Konuşmalar süresince yaşlı kadın süt, yoğurt, ayran gibi içecekleri odaya taşımaya devam etti. Beraber içtiler.

Müfreze komutanı, "Artık bize müsaade Tebriz Ağa. Yardımların için şimdiden teşekkürler," diyerek yavaşça ayağa kalktı. Teğmen de yerinden fırladı.

Tebriz Ağa, "Dur biraz bekle. Bu aniden oldu. Hiç hazır değildik. Adamların için evde hazır olanlardan bir şeyler hazırlayalım," dedi.

Yüzbaşı, "Yok, olmaz," dediyse de dinletemedi.

Karı koca çarçabuk, temizlenmiş iki tavuk, köy fırınında pişirilmiş dört büyük ekmek, üç şişe süt ve bir büyük kap içinde tereyağını paketleyip geniş bir çuvalın içine doldurdular.

"Kış olduğu için tavuklar yumurtadan kesildiler," dedi Tebriz Ağa.

Teğmen Aykut, çuvalı sırtına vurdu. Vedalaşıp ayrıldılar.

Dışarı çıktıklarında hava biraz daha aydınlık geldi. Ortalık buram buram tezek kokuyordu. İki farklı noktadan çok da hırslı olmayan iki köpeğin havlamaları duyuldu. Sığınağa döndüklerinde saatleri 03:00'ü gösteriyordu.

Gün ışığında hava gene diğer günlerden farksızdı. Koyu bulutlarla kapalı bir hava, erken saatlerde dumanlı, aralıklarla kar atıştıran ve sonra da hızla yer değiştiren bulutlar... Vadi rüzgâr tutmadığı için kullandıkları diğer bölgelere göre daha bir ılımandı.

Tebriz Ağa'nın gelmesini beklemek zorundaydılar. Müfreze komutanı, onun ne kadar tez canlı biri olduğunu bildiğinden, ne kadar çok zaman istese de, haber getirmeyi fazla geciktirmeyeceğini biliyordu. Ama ondan istenilen de kelimenin tam anlamıyla "stratejik" bir istihbarattı. Dağlarda muharebe etmenin en önde gelen meziyetlerinden biri de cesaret kadar, sabır göstermek, sinirleri çelik gibi tutmaktı.

Bir yanlışlık ve trajik bir durumla karşılaşmamak için, zamanı belli olmasa da, batı istikametinden sığınaklarının bulunduğu yere doğru, kendilerinin de kullandığı patika yolu kullanarak bir sivilin gelebileceği tebliğ edildi, eşkâli verildi.

Hemen herkes, mağaranın dışındaydı, kimi arkadaşlarıyla sohbet ediyor, kimi ise silah ve teçhizatıyla meşgul oluyordu.

Üsteğmen Metin, Teğmen Aykut ve iki Asteğmen Murat ve Tekin birlikteydiler. Müfreze komutanı yanlarına gelince dördü birden ayağa kalkmaya çalıştı, yüzbaşı onlara eliyle, "Oturun!" işareti yaptı. Kendisi de onların bulundukları yerde bir kayalık seçip oturdu.

Müfreze komutanı, Asteğmen Murat'ın her meseleye farklı baktığını bildiği için, "hal ve gelecek nedir Murat? Gidişatı nasıl görüyorsun?" diye sordu.

"'Ah Türkiye!' diyorum komutanım. İnsan savaşta duygulu bir yabani oluyor. Bir şey yapmayan insanlar çok konuşur. Acaba ben de onlardan biri mi oldum diye bazen kendime kızıyorum."

"Yok yok. Öyle düşünme. Fikir ve düşünceler değil mi insanı farklı kılan!" dedi yüzbaşı.

"Savaşta ceza görmeksizin insan öldürülüyor. Hayvanları öldürmeyi sevmem, insanları öldürmeyi de sevmem. Deli olmadıkça kimse sevmez. Ama gerektiği zaman, kaçınılmaz olunca sevip sevmemek söz konusu olmuyor. Bir dava uğruna öldürülüyor."

"Dünya barışı üzerine içeride ve dışarıda ne güzel nutuklar veriliyor ama."

"Onların hepsi çıkarcı ve düzenbaz ikiyüzlü fırıldaklar. Fırıldağın bile bir noktası sabittir, diğer tarafları ha babam de babam döner. Bunlarda o sabit nokta bile yok. Ben hep onu bilir, onu söylerim. Dünya kişisel çıkarlar ve bencillik üzerine dönüyor. Tarihe bakıp görsünler. Tabii, gözleri varsa ve beyinleri löp olmadıysa. Bu insanoğlu birbirini boğazlamadan yedi gün bile duramaz."

"Sen ne dersin Metin?" dedi yüzbaşı üsteğmene. Üsteğmen cevapladı:

"Bir devlet, düşmanının büyümesine izin verdiği sürece gücünü yitirmeye başlıyor. Belli bir zamandan sonra da karşı taraf terazinin kefesine ağırlığını koyuyor. Benim en çok dikkatimi çeken husus da şu: Her şeyi savunmak isteyen, hiçbir şeyi tam savunamıyor. Savunulacak yerler eldeki mevcut güçlerden çok daha fazla yer kaplıyor. Dar görüşlü insanlar her şeyi savunmak ister. Hayal gücü ve değişim alışkanlığı olmayınca da makara boşa dönüyor. Sabit yerlere bağlanıp kalmak saldırılara açık hale getiriyor, her zaman yanlar açık kalıyor, kuşatılabilecek siperlere gömülmek de, ne yaparsan yap ölüm getiriyor. Savunmak, yani düşmanı beklemek, özellikle de gayrinizami bir savaşta, önceliği ve ilk vuruşu yapma imkânını karşı tarafa veriyor. Sen arkadan ne yaparsan yap kırılan testi bir daha suyunu doldurmuyor. İyi bir kafan da olsa eğitimsiz askerle güç duruma düşebiliyorsun. Aman vermeyen azgın hücumlar olmadan, nakavt edici darbeler üst üste gelmeden, durmadan sürüp giden gayrinizami savaşı kesin bir zaferle sonuçlandıramıyorsun. Ortaya kural dışı, kalıpları reddeden söylemler atıldığında, gelenek ve göreneklerin dar çerçevesinde yetişmiş klasikçiler hemen, 'Yok canım, böyle bir şey olmaz,' der. Dikkatler bence, bu tür düzensiz savaşlar üzerine toplanmalıdır. Bu muharebede her şey, hareket ve sürate bağlı. Düşman dakikada yetmiş adım atıyorsa siz de dakikada yüz yirmi adım atacaksınız. Akıncı tarzının da, gerilla tarzının da esası buna dayanıyor. İşte dağlar! Görülüyor ki dağlarda topu topu iki tane yön var: Yukarısı ve aşağısı. Her şey o kadar net ve açık ki. Ama ne var ki bilgi, kavrama olmadan bir işe yaramıyor."

Havanın kararmaya başlamasıyla birlikte birer ikişer içeri girip sırt çantaları ve uyku tulumlarının bulunduğu yerlere gittiler. Saat 20:00 civarında gözcülerden biri mağaranın kapısına soluk soluğa gelip içeriye bağırdı:

"Bir karaltı bize doğru yaklaşıyor!"

Sanki olağan bir şeymiş gibi, kimsede ne bir telaş ne de bir heyecan yaratmadı bu çağrı.

Yüzbaşı yanında kol komutanları olduğu halde mağaranın önüne çıktı ve gözünü köy yönüne dikti. Yaklaşan şahıs, zemini alacalı kar olan patika yolda siyah bir noktadan farksızdı. Yavaş yavaş hareket eden ve kendilerine doğru yaklaşan şekilsiz bir cisim...

"Gece görüşü getireyim mi komutanım?" dedi teğmen.

"İhtiyaç yok," dedi yüzbaşı ve biraz daha yaklaşmış olan için, "bu Tebriz Ağa. Şaşılacak şey, bu kadar erken beklemiyordum. Dur bakalım neyin nesi?"

Tebriz Ağa'nın elinde bir bakraç ve sırtında da orta büyüklükte bir çuval vardı. İki komando hemen koşturup Tebriz Ağa'nın elindeki ve sırtındakileri aldılar.

Adamcağızın yüzü kıpkırmızı ve ter içindeydi. Konuşmadan önce biraz soluklanma ihtiyacı hissetti.

Müfreze komutanı, "Tebriz Ağa, zamanlaman sürpriz oldu. Hızını bilirim ama geçen zamanlar seni daha da çabuklaştırmış," dedi.

"Ne dersin Tayfun komutan! Görmüyor musun halimi, tık nefes olduk. Biz de kocadık artık."

"Sen mi? Senin eline benim diyen adam su dökemez. Kim dedi sana bakraçları, çuvalları vur sırtına diye, bu karda çamurda!"

"Ana baba kuzuları sıcak bir şeyler yesin diye bizim kocakarı hazırladı. Keşke daha fazlasını yapabilsek."

Müfreze komutanı ile Tebriz Ağa, bir müddet oradan buradan, eski günlerden konuştular. Birlikte çay içtiler. Sonra, yüzbaşı kol komutanlarını da yanlarına çağırdı.

Tebriz Ağa:

"Ben, sabah kalkar kalkmaz sizin bizim eve gelirken kullandığınız istikametleri bulmak için iz aradım. Çok kar yağışı da yok, hiçbir ayak izi göremedim," deyince yüzbaşı kahkahayı bastı:

"Biz eski memuruz, Tebriz Ağa!"

"Anlamam mı, hemen anladım."

"Peki ben sana sorayım! İki gün önce sizin köye koşum takımları üzerinde beş katır geldi mi?"

"He, geldi. Mıhtar, bunlar bir yerden çalıntıdır diye korktu ve onları götürüp başım belaya girmesin diye, Köprülü Jandarması'na teslim etti. O mallar senindir, değil mi?"

"Yo, bizim değil, PKK'nındı."

"Hemi şimdi, bütünüyle anlamışımdır."

Yüzbaşı derin bir nefes aldıktan sonra konuştu:

"Tebriz Ağa, ben seni iyi bilirim. Sanki esas konuyu erteliyorsun gibi bir hal var sende."

"Yok, essah değil. Başka durumlar zuhur ettiği için ve acil olduğundan gelmişimdir."

"Bu kadar çabuk gelişinden tahmin etmiştim zaten. Nedir acil olan?"

Üsteğmen ve teğmen kulak kesildiler. Tebriz Ağa konuşmasını sürdürdü:

"Bu Kazan Vadisi, metruk köyünde gizlenen Pekekelilere bir haber gelmiştir ve çok mühimdir. Çabuk bilmeliydiniz."

"Nedir o, mühim olan haber?"

Teğmen Aykut dayanamadı:

"Yoksa bizim yerimizi mi öğrenmişler?"

Üsteğmen Metin, "Öğrenip ne halt yiyecekler?" diye araya girdi.

Yüzbaşı Tebriz Ağa'ya devam etmesini işaret etti.

"Şöyle düşün! Bizim köy ile Tijen köyünü bir çizgi ile birleştirdikten sonra yukarı doğru çık."

"Kuzeye doğru demek istiyorsun?"

"Güneş nereden doğuyor? Doğrudur, kuzeye doğru. Han Yaylası'nın bu tarafa doğru uzanan, kocaman bir dile benzeyen bir uzantısı vardır."

"Tamam, sonra?"

"Yarın gece oraya bir helikopter konacak."

Üç subay, ellerinde olmadan, başlarını geriye attılar.

Yüzbaşı, "Ne helikopteri? Kime ait? Niçin geliyor?" diye sordu.

"Kime aittir, millet ve devlet olarak bilmiyorum ama Pekeke'ye malzeme getirecek."

"Tebriz Ağa seni tanımasam bu ya deli ya da bunamış diyeceğim. PKK'ya malzeme getirecekse kim olursa olsun onları götürüp niye bu bölgeye bıraksın. Gitsin aşağıda kuzey Irak'taki kamplara teslim etsin."

"Benim, o tarafına aklım ermez beyim."

"Ne malzemesiymiş peki?"

"İlaçlar ve doktorlara lazım olan şeylermiş, aldığım habere göre."

"Anladım da PKK'nın yaralı ve hastalarının hepsine Barzani'nin bölgesinde, şehirlerdeki hastanelerin hepsi elbirliğiyle hizmet veriyor zaten. Eğer bu haber doğruysa işin içinde başka bir şey olması lazım. Teslim aldılar ne yapacaklar, Zap'a mı götürecekler? Bulundukları yere göre en yakın ve en doğrudan ulaşılacak yer Zap kampı."

"Doğru söylersin beyim."

Yüzbaşı, üsteğmen ve teğmene döndü:

"Ne dersiniz arkadaşlar?" onlar cevap vermeden ileriye bağırdı, "sigara içenlerinizden biri bana bir sigara getirsin, çocuklar!"

Üsteğmen Metin, "Şayet bu bilgi doğruysa sizin sorularla da açtığınız gibi birkaç şeyi ortaya çıkartmalıyız. Neden Kuzey Irak'taki kampları değil de bizim toprakları seçiyorlar? Getirilen malzemelerin hassasiyetinden ve acilen Zap'ın ihtiyacından kaynaklanıyor olabilir. Bizim topraklarımızdan içeriye, derine götürmeden doğrudan Han Yaylası, Kazan Vadisi bitişiği, Çukurca-Zap kampı hattını kullandığı akla geliyor. En kısa ve doksan dereceden ulaşım sağlamak..." diye fikir belirtti.

Teğmen Aykut, "Komutanım, bu bölgedeki komşularımızdan hiçbirinde, bildiğiniz gibi gece uçuş kabiliyetine sahip helikopter yok ki. Böyle bir helikopter ile uçuş personeli, üstelik helikopteri dağlık alanda gece, kullanabilecek yetenek ancak NATO'ya mensup ülkelerde mevcut," dedi.

Müfreze komutanı, "Hepsi güzel de, Kuzey Irak'ta sivil toplum örgütü ve yardım kuruluşları adı altında UNESCO'su dahil hepsi cirit atıp ajanlık yapıyor. Onlar da ilaç mı yok? Tıbbi malzeme mi eksik? Bunda bir bit yeniği var! Eğer bu bölgeye atılacak veya indirilecekse bir korku veya çekindikleri bir şey olmalı. Bu da ancak siyasi bir sebep, can sıkacak bir neden olmalı ki, yer seçimini etkilesin," dedi.

Üsteğmen Metin, "Komutanım biz, tecrübe ve zekâmızı kullanarak şu anda kılı kırk yarıyoruz ama bunlar çok akıllı insanlar değildir. Onlarla beraber çalışanların hepsi bunu bilir. Çok ince bir hesap yapmanın yanında, akıl almayacak bir aptallıkla da bir şeyi yapabilirler. Belki de öyledir," diye ekledi.

Müfreze komutanı, "Sadece ilaç olduğuna emin misiniz Tebriz Ağa? Başka şeyler de olmasın?" diye sordu.

"Bana getirilen bilgi böyle. Ben ne getirildiğinden daha çok, helikopterin ne zaman, nereye geleceği üzerine çok ısrar ettim. Ve de haberciyi çok sıkıştırdım. Söylemesi ayıptır Tayfun komutan, karşılığını da büyük verdim."

"Doğru, sen bu işlerin içinde piştiğin için. Gelecek mi, gelmeyecek mi, yeri ve zamanı doğru olmadıktan sonra, getirilen şuymuş buymuş ne kıymeti var. Ama hareket aptalca geliyor bize Tebriz Ağa. Adamların kampı kuş uçuşu on sekiz, bilemedin yirmi kilometre aşağıda, sen gel, malzemeyi bu tarafa indir."

"Haklısınız beyim. Siz konuştukça şimdi ben de meraklandım. Benimki, biraz geç işler de."

"Seninki mi Tebriz Ağa? Seninki var ya şeytana çelik çomak oynatır."

"Ama bak, pek de oynatamamış!"

"Oynatamamış mı? Bu bilgi, müthiş bir haber alma harikası. Bunu benim diyen servis yapamaz. Daha ne yapacaksın."

"Sizin sağlığınız olsun yeter beyim."

"Bu uçuş şayet olursa komutanım. Ya helikopter yere park edecek veya yüksekten malzemeleri paketler halinde paraşütle atacaklardır. Artık fazla yüksek olmayan mesafeler için de paraşütler geliştirdiler. Bunu söyleme sebebim şu: Paraşütle atarlarsa helikopteri vurabilme şansımız azalır," dedi, Teğmen Aykut.

Üsteğmen Metin, "Bu tip operasyonlarda her şey saniyelerle ölçüleceği, hareketler çok süratli olacağı için çok fazla titiz olmak gerekecektir. Karanlıkta uçan bir helikopter! Kime ait? Ulusu ne? Farz edelim ki en basitinden, helikopterin modeli ve markasını anladık, ülkesinin arma ve logolarını görebilecek miyiz? Kaşla göz arasında, fırdöndü bir durumda isabet aldı ve düştü. İçinden ölülerden başka hiçbir şey çıkmadı. Bütün dünya ayağa kalkar. Seni, hükümetin ve büyüklerin koruyacak mı sanıyorsun?" diye ekledi.

"Görmüyor musun Tebriz Ağa, dünyayı birbirine sokacak bilgiler getiriyorsun," diyen Yüzbaşı Tayfun, gülmeye başladı.

"Demek yarın gece?"

"He öyledir, Tayfun kumandan."

"Saat yok, kesin değil mi?"

"Hayır yoktur."

Yüzbaşı teğmene, "Aykut çay kaldıysa bize birer bardak versinler," dedi ve tekrar Tebriz Ağa'ya dönerek, "Tijen'de irtibat işleri için altı ila sekiz PKK'lı var demiştin. Bu kadar az kişi indirilecek malzemeleri taşımaya yetecek mi? Zap'tan başkaları da gelmesin? Eğer öyleyse, bu gece oradan hareket ederler, gün ağarmadan Kazan'ın içindeki Tijen'e ulaşırlar," dedi.

"Bunun üzerinde çok durmuşum ama yok dendi. Tijen'dekiler vazifelendirilmiş bu işe."

"Bu çok önemliydi. Aksi halde, bizim de farklı bir plan uygulamamız gerekirdi. Şayet olursa Tijen'dekiler atma noktasına o bildiğimiz dağ yollarından tırmanarak gelecekler, değil mi?"

"Başka yönler de vardır ama oralardan giderlerse sabaha kadar ulaşamazlar. Bu dönemde hiçbir tehlike de görmüyorlar ki kendileri için."

"Şu Tijen'dekilerin işini zaten bitirecektik de zaman, mekân ve ona bağlı olaylar daha farklı bir plan gerektirdi."

"Ben zaten, siz Tijen'i sorup orada birilerinin olduğunu öğrenince onları sağ bırakmayacağınızı tahmin etmiştim."

"Zap işi çok uzamaz değil mi Tebriz Ağa?"

"Birini bekliyorum. Mühim. Bölük pörçük şeyler senin işine yaramaz. Garantilemeliyim bildiklerimi. Artık bana müsaade beyim. Kocakarı evde, geceleri geç kaldığımda dokuz doğuruyor. Bilirsin sebebini."

Müsaade isteyip ayağa kalktı. Halen pire gibiydi. Ayrılmadan önce, "Tayfun kumandan, sen ağa dedikçe etrafındaki gençler beni bilinen ağalardan sanmasınlar? Büyütüp sağa sola savrulan çocuklarımdan, evdeki kocakarı ve birkaç baş hayvanımdan başka bir şeyim olmadığını bilmezler de, onun için söyleyeyim dedim," dedi.

"Sen gönlünü rahat tut Tebriz Ağa, senin büyüklüğün yürekliliğinden geliyor. Onlar her şeyin farkındalar. Senin şu yaptığın hizmeti; ne beyi, ne paşası, ne de ağası yapamaz. Bizim unvanlarla, sıfatlarla, isimlerin önüne konmuş boş sözcüklerle hiç mi hiç alakamız yok, öyle şeylere metelik de vermeyiz. Mevlana'nın dediği gibi:

Seni ve bizi bilen bilir
Bilmeyen de, kendisi gibi bilir."

Yüzbaşı, Tebriz Ağa ile birlikte mağaradan dışarı çıktı ve patika yolda gözden kayboluncaya kadar gidişini izledi. Sonra yerine döndü. *Bir talimat verir mi acaba?* diye kendisini bekleyen subaylara, "İyi istirahatler arkadaşlar, yarın görüşeceğiz," dedi.

Müfreze komutanı, sabahın köründe subay, astsubay ve uzmanları yanında çağırdı. Müfrezenin doğasında, sabah kahvaltı yapılır, öğlen ve akşam olunca yemek yenir gibi, sıradan ve kalıplaşmış işler yoktu. Ne zaman?... Herkes fırsat buldukça kumanyasından bir parça yiyecek atıştırabilirdi. Kural, kalıp, sıradanlık yoktu. Bu tip şeyler sıradan insanlara ait zamanlar ve işlerdi. Yüzbaşı da ara ara söylerdi:

"Kalıplardan nefret ediyorum. Çünkü onlar, harekât alanında bizim ölüm sebebimiz oluyor."

"Hepinizi, olayları benim ağzımdan duyun ve fikirlerinizi söyleyin diye topladım arkadaşlar," diye söze başladı Yüzbaşı Tayfun:

"Kazan Vadisi içerisinde bulunan, eski Ermeni köyü Tijen'de yedi sekiz PKK'lı var. Bunlar, kış şartlarında Zap kampındakilerle yurtiçinde yaşayan gruplar arasında irtibat sağlayanlar. Aldıkları talimat şu: 'Bu gece bir helikopter, Tijen'in üstü ile Han Yaylası'nın Kazan Vadisi'ne uzandığı mevkiye ilaç paketleri bırakacak. Onları teslim alın.' Haber kaynağının güvenirliği şüphe götürmez. Helikopter işi olmasa da Tijen'e gidip oradakileri halledecektik. Tijen buradan kuş uçuşu altı yedi kilometre batıda ve Kazan Vadisi'nin tam ortasında bulunuyor. Helikopterin gelmesi oldukça ayrıntılı bir planlama yapmamızı gerektiriyor.

Şimdi aklınıza, 'Helikopter niye Zap'a değil de buraya geliyor? İlaç için buna ne gerek var?' gibi ve benzeri sorular geliyordur, sormayın. Kol komutanlarınız size teferruatı ile anlatırlar. Ben size işin yöntem ve tekniklerinin nasıl olacağını ve olası planları anlatacağım. Hepinize anlatıyorum çünkü harekât uygulamada şahsi inisiyatif kullanmaya gereksinim duyuyor. Ben, Kazan Vadisi'nde ve Tijen üstünde birkaç kez çarpışmaya girdim. Bu irtibat görevini yapanlar helikopterin atma ve indirme bölgesine, Kazan Vadisi'nin kuzeyinde yer alan bir ortaçağ kalesinden daha sarp ve yalçın dağ bloğunu kullanarak çıkacaklar. Yükü aldıkları zaman da aynı yönden Tijen'e inecekler. Ne kadar sarp ve dik olsa da birbirine çok yakın iki keçi yolu var. Onları kullanacakları kesin. Hangisini ya da ikisini birlikte kullanmalarının bizim için hiçbir önemi yok. Çünkü bu iki keçi yolu, kardeş gibi birbirine yakın. Şimdi soru şu: Acaba hepsi yukarı çıkar mı? Çıkmazsa sebep ne olabilir? Birini hasta olduğu için bırakmaları veya çok işkilli oldukları için bir nöbetçi dikmeleri mümkün! Geride kalan bu olası kişiler yukarıdakilerin insan ve malzeme olarak işlerini bitirdiğimizi görmeseler de anlayacaklardır. Baktılar ki gidenler gelmiyor, hemen oradan tüyecekler. Ver elini Zap kampı! Buna kesinlikle müsaade edemeyiz. İhmale gelmez. Tümünü almalıyız.

Şimdi gelelim helikopter meselesine. Konsa da atsa da bunu açık ve geniş bir alan üzerinde yapacak. Herhalde bizim, çil keklik gibi meydanda, kar ortasında onu bekleyecek veya takip edecek halimiz yok. Belki PKK'lılar yerin ve bölgenin anlaşılması için açık alana çıkabilirler. Olabilir mi, evet olabilir. Aşırı güven ve aptallığın yaptıramayacağı iş yoktur çünkü.

Kritik olan diğer bir soru şudur:

'Helikopter yere konarak mı yükü indirir? Belli bir yükseklikten özel geliştirilmiş paraşütle mi atar? Yoksa *hover*dan sağlam ambalajlarla paketlenmiş yükü havadan yere mi bırakır?'

Şayet helikopter gelirse kesinlikle yere inmeyecektir. Bunun sayısız sebebi var! Buna mayın dahil, sabitlenerek vurulma riski dahil. Herkes bunu kafasına yerleştirsin. O takdirde biz onu vurabilir miyiz? Boş ve saçma hayallere gerek yok! Neden? Biz, karların içinde birkaç kişi de olsak susak gibi ortaya çıkıp oturabilir miyiz? Hayır. Bölgeye PKK'lılardan erken gidip çukurlar açarak bekleyebilir miyiz? Hayır. O zaman? Planının yürümesi için bizim yapmamız gereken şey ne? Karlı alana çıkmadan, Han Yaylası'nın dağlarla kesiştiği noktada pusuya yatmak! Malzemeler bizim pusumuzdan en az, bir daha söylüyorum en az, beş yüz ila altı yüz metre uzağa atılacak. Elimizde hangi silahlar var? Orduda bulunanların hepsi ve en iyileri. Bu mesafeye ancak Kanaslar ve makineli tüfekler ateş edebilir. Dediğim gibi, o da beş yüz ve altı yüz metre kadar yakına yük bırakırlarsa.

O zaman yeni soru şudur? Bağcıyı mı döveceğiz, üzüm mü yiyeceğiz? İsteriz ki hem bağcıyı dövelim hem de üzüm yiyelim. Ama, 'Öncelik nedir,' diye sorup pratik hesap yaptığımızda şunu görüyoruz: Üzüm yemeyi garantiye almalıyız. Bağcıyı da odundan geçirirsek ideal bir şey yapmış oluruz. Daima meseleyi pratiğe indirgeyin. PKK'lılar helikopterin ve yükün peşinde. Biz ise hem PKK'lıların, hem helikopterin, hem de yükün peşindeyiz."

Yüzbaşı bütün bunları sanki bir solukta anlattı. Dün geceden konuyu bilen Üsteğmen Metin ve Teğmen Aykut dışındakiler de hiç soluk almadan dinlediler.

Müfreze komutanı kendisini can kulağı ile dinleyen Uzman Onbaşı Cemil'e, "Cemil senin kız bu saatte uyanmış mıdır?" diye sordu.

Böyle bir şeyi hiç beklemeyen uzman onbaşı, "Hiç bilmiyorum komutanım. Bu ilk çocuğum. Hiç çocuk büyütmedim. Bunu da görmedim. Müsaadeniz olursa dönünce inşallah," diye cevap verdi.

"Askerlerin çay kaynattığını görüyorum, söyleyin onlara, bize de getirsinler," dedi.

Asteğmen Murat, "Bu ne cürettir, komutanım! Biz bitmişiz komutanım!" diye söylendi.

Yüzbaşı acı acı gülerek, "Ne bitmiş Murat? Tarla mı? Ürün mü? Irgatlar mı? Yanaşmalar mı? Kâhya mı? Yoksa Ağa mı?"

"Bana sorarsanız hepsi! Bizim başımıza gelecek var! Ve gelecek nesiller bunu bize soracak. Hayatta olalım veya olmayalım. Gafletimizi, aymazlığımızı, ikiyüzlülüğümüzü ve riyakârlığımızı, mutlaka soracaklar. Sonunda tarihin adil terazisinden kimse kurtulamamıştır."

Üsteğmen Metin, "İki gruba ayrılacağız gibi görünüyor efendim," dedi.

"Evet, öyle olacak."

Asteğmen Tekin, "Bir ilaç için böyle büyük siyasi riske girmeye değer mi?" diye sordu.

Asteğmen Murat onu yanıtladı: "Sen ne diyorsun? Herifler için, at beylik kıç beylik. Dik durmayıp onun bunun siyasi yanaşması olursan senin topraklarında işte böyle at oynatırlar. 1952'den beri bu böyle hemşerim. Bu memlekette yırtındık, anlatamadık kimseye. Hoş, kimsenin iplediği de yok ki. Sel önünde kütük gibi, bir o tarafa bu tarafa vura vura gidiyoruz. Ne İsa'ya yaranabildik, ne Musa'ya. Yıllardır çerden çöpten siyasetçiler ve bürokratlarla gelebildiğimiz yer işte burası. Biz de bu dağlarda ölümü arayan adamlar durumundayız. Ölünce de arkada kalanlar için cenaze törenleri düzenliyoruz. Cenaze törenleri giden gençleri geri getirmez. Sadece geride kalanların avunmasına yarar."

Müfreze komutanı, "Sen ne diyorsun olup bitenlere Mustafa Başçavuş?" diye sordu.

"Ne diyeyim komutanım. İnciğine cinciğine kadar anlattınız. Sonuçta, bunları tepeleyeceğimiz kesin. Siyaset gibi işlere benim aklım ermez. Emredin, silip süpürelim. Şimdiden avucum kaşınmaya başladı. Bu helikopter işi ne menem bir iştir? Nedendir? Onu çözmeye çalışıyorum; Allah, Allah!"

Müfreze komutanı belinden çıkarttığı komando bıçağıyla, yarı kayalık yarı toprak olan zemine biraz önce tarif ettiği arazilerin basit bir krokisini çizdi. Sonra, sanki biri yol tarifi sormuş da sokakta ona tarif yapıyormuş gibi, sakin ve umursamaz bir tavırla planı açıkladı:

"Metin, sen Buzkıran koluyla Taşbaşı köyünün üstünden batıya doğru yürüyerek Kazan Vadisi'nin kuzeyi ile Han Yaylası'nın batısında kalan bölgede pusuya yatacaksın. Çok fazla batıya gitme, çünkü PKK'lılar oradan çıkarak atma indirme bölgesine gelecekler. Atma ve indirme olmadan sakın ateş açmayın. Helikopter gelmeli, yükü atmalı, PKK'lılar ona doğru hareket etmeli. Helikopter gelip yükü attıktan sonra, PKK'lılar hâlâ ortaya çıkıp malzemelere doğru gitmiyorsa bir karar vermek lazım. Mesafenin ne kadar olduğu da çok önemli. Helikopter uygun bir mesafede ise ateş açılabilir ama bu kez karanlıkta PKK'lıları görüp ateş etmek zorlaşır. Çünkü kabak gibi karlı düz alana çıkmayacaklardır. Önce kayalıklarda belli bir süre kalıp sizin gücünüzü tahmine çalışacaklar, sonra geldikleri yere, Kazan Vadisi'ne ineceklerdir. Artık oranın da güvenli olmadığını düşünüp karar verecekler ve bir müddet başka bir yere geçeceklerdir. Sen bütün bunları dikkate alarak hareket et.

Ben, Teğmen Aykut ve Balabanlarla, buradan dosdoğru Kazan Vadisi'ne gireceğim ve Tijen köyünü gözaltına alacağız. Birden köye girmeyeceğiz. PKK'lıların ayrılışını gözetleyeceğiz. Zaten köyde ayakta kalmış benim bildiğim en fazla dört beş kâgir ev var. PKK'lılar oradan ayrılmadan da basabiliriz ama ya aralarında bir şifre varsa? İniş saatini biliyorlarsa ve 'Bölge temiz!' diye helikoptere veya bağlı oldukları bir telsize bildireceklerse o zaman plan düşer. Helikopter de gelmez. Bir başka telsize bağlı olma ihtimalleri, 'Yer uygun ve güvenli' raporu için daha mantıklı. O nedenle tepelerine hemen Tijen'de binemeyiz. Dağa tırmanıp Han Yaylası çizgisine ulaşmaları için yol vermek zorundayız, anladın mı?"

"Çok net anladım," dedi üsteğmen.

"Senin için, bir noksan taraf var mı Aykut?"

Teğmen, "Çok yalın ve açık komutanım," diye cevap verdi.

Bu defa yüzbaşı diğerlerine bakarak:

"Sizlerin bir tereddüdü var mı arkadaşlar?" diye sordu.

İki asteğmen, astsubay ve uzmanlar yok anlamında başlarını iki yana, birkaç defa salladılar.

Yüzbaşı, "Metin eğer ateş etmek icap ederse, bu kesinlikle keskin nişancı tüfeği ve makineli tüfeğin menzili içinde olabilecektir. Bir helikopteri pallerinden biri kopartılmadığı ve kokpite gelmediği sürece roket bile düşüremez. Menzil uygunsa her iki silah da mutlaka pilotları vuracak şekilde, helikopterin ön camı nişan alınarak ateş etmeli. Başka türlü olmaz," diye emir verdi.

Üsteğmen, "Baş üstüne," demekle yetindi.

"Akşama daha çok zaman var. Hazırlık yapın. İhtiyaç duyanlar dinlensin. Çatışmaya girersek sonradan mühimmat ikmali yapmamız kaçınılmaz olacak. Erzaklar da sınıra geldi. Bu gece havanın pırıl pırıl olacağını da bilin! Aksi olsaydı planı bu geceye alırlar mıydı bu herifler!"

Herkes kalkıp selam vererek ayrılmak üzereyken Teğmen Aykut yüzbaşıya bir soru sordu:

"Bu durumları yukarıya, böyle böyle işler oluyor diye bildirecek misiniz komutanım?"

Yüzbaşının kahkahası mağaranın duvarlarında yankılandı:

"Ah çocuk! Bildireyim de herkes mal bulmuş Mağribi gibi bunu bir üst kademesine bildirsin değil mi? Sonra olay hükümete gitsin. Onlar da akla gelen bütün kordiplomatikleri arasınlar, biz de helikopter gelecek diye kar çukurlarının içinde, kayalıkların rutubet ve soğuğunda kuyruklarımızı

174

titretip sonunda da avucumuzu yalayalım öyle mi? Ben o filmleri çoook önceden seyrettim. Nasrettin Hoca'nın dediği gibi, 'Ama sen de haklısın!' Üstelik, dur bakalım, gün doğmadan neler doğar, bu bir... Çayı görmeden paçaları hemen sıvama, bu da iki..."

Bu beklenmedik çıkışla, Aykut'un yüzü kıpkırmızı oldu. Yaşamın en kıymetli öğesi tecrübe ve kültürdü. Buna benzer şeyler daha önce de olmuştu ve müfreze komutanı bunların canlı tanığıydı.

Hep beraber selam verip müfreze komutanının yanından ayrıldılar.

Gece harekât yapılacağını ve işin ne olduğunu öğrenen komandolar, cıva gibi akıcı bir hale geldiler. Ağaçların tepesinde av bekleyen şahinlerle avın üzerine salıverilmeyi bekleyen bir doğan gibi silkindiler. Her an, her şeye hazır olmalarına rağmen silahlarını, şarjörlerini, mühimmat şeritlerini, el bombalarını ve roketlerini bir kez daha gözden geçirip beklemeye başladılar. Akşama da bir hayli zaman vardı. Sabretmek, beklemek, derin sessizlik ve insanın yakasını hiç bırakmayan yalnızlık, dağlara tırmanmaktan bile zor şeylerdi.

Buzkıranlardan Komando Er Yılmaz ile Tahsin bir kayaya sırtını vermiş sohbet ediyorlardı.

"Dün gece, saat gece yarısını fazla geçmiyordu ki uykumdan sıçrayarak uyandım," dedi Yılmaz.

"Bak sen! Peki ne oldu ki? Derdin ne?"

"Benim mi? Sıla hasreti!"

"Aileni özledin demek."

"Benim ailem yok ki!"

"Yok mu? Seni leylekler getirmiş demek ki!"

"Annem, babam ben on aylıkken hâlâ sebebini bilmediğim bir nedenle ölmüşler. Yetiştirme yurdunda büyüdüm ben. Kendimi bildim bileli de hem okumak, hem de bir baltaya sap olmak için gece gündüz çalıştım."

Tahsin duygulu bir sesle, "Başın sağ olsun. Bu dünyanın düzeni böyle be Yılmaz. Hem kavun hem de kelek yiyenler bir arada. Dün gece niye sıçradın peki?" dedi.

"Bir çatışmadaydık. Kimler olduğunu seçemiyordum. Vurulan biri yanımda, 'Yandım anam yandım,' diye bağırdı. Ben de vurulunca, 'Anne neredesin? Yanına geliyorum,' diye haykırdım."

Tahsin iyice hüzünlenmişti. Sesi titreyerek, "Sonra!" dedi.

"'Soğuksun ölüm! İstediğin kadar soğuk ol, bana buz gibi sudan tatlı gelirsin!' dedim ve sıçrayarak uyandım. Sonra da uyuyamadım."

"Bilirsin rüyalar tersine çıkar derler. Hepimiz buralardan sağ salim döneceğiz, göreceksin. Ailen yok ama o zaman sıla özlemin niye?"

"Bende o özlem, her yerde var! Eksik olan ve hiç bitmeyen, kavuşulamayan bir şey o benim için."

"Anlıyorum kardeşim çok acılar çekmişsin belli ki."

"Bulduğum üç patatesi çiğ çiğ büyük bir zevkle yediğimi bugün hâlâ hatırlıyorum."

"Her şeyi geriye dönüp tekrar tekrar yaşama. Demir gibi sağlam bir gençsin. Askerden sonra, canla başla yeni bir hayata başlar, tuttuğunu kopararak yolunda ilerlersin."

"İnşallah! Bakalım talih ne gösterecek."

"İyi şeyler gösterecek," dedi Tahsin, "iyi şeyler gösterecek..."

8

Müfreze havanın kararmasından hemen sonra, gelişmeleri takip edebilmek için Taşbaşı köyünü uzaktan gören bir sırta gelerek beklemeye başladı. Silah ve mühimmatları dışında, hareket ve yürüyüşlerini yavaşlatacak her şeyi mağarada bırakmışlardı. Başına nöbetçi koymaya da gerek duymadılar.

Karanlığın tamamen çökmesi ve görüşün düşmesiyle, Yüzbaşı Tayfun'un da birlikte olduğu Balabanlar, köyün üst tarafından Kazan Vadisi'ni boydan boya geçen patika yola inmek için hareketlendiler. Üsteğmen Metin komutasındaki Buzkıran kolu da bulundukları yerden doğruca Kazan Vadisi kuzeyi ile Han Yaylası'nın güneyinde kesişen dil ucuna doğru yola çıktılar. Her iki kol da sıkı ve enerjik, diğer bir ifadeyle cebri yürüyüşle; bir saatten biraz fazla sürede planlanan mevkilerde yerlerini alıp örtme ve maskeleme yaparak gözetleme ve dinlemeye geçtiler.

Müfreze komutanı ve teğmen işgal ettikleri kayalıkların arkasından vadinin tabanında bulunan eski köydeki dört evi görebiliyorlardı. Gece görüş dürbünü teğmendeydi ve geldiklerinden beri o kullanıyordu.

Yüzbaşı, "Şunu ver bakayım," dedi.

Köyden önce, köyün bittiği yerden başlayan devasa yükseltinin üzerinde kademe kademe oluşmuş kaya bloklarına bakarak onların arasında ara ara görünen keçi yolunu uzun süre gözetledi. Buralar boştu. Sonra vadinin dağ ile birleşim noktasından evlerin bulunduğu düz alanı taradı. Yer yer ağaçlarla kaplı bir araziydi. Dört evin etrafını inceden inceye izledi. Kapıların ve pencerelerin hangi yönlerde olduğunu tespit etti. Dört evde de, ne bir ışık ne de tüten bir duman vardı. Gecenin berraklığı ve doğallığında, özellikle de vadide yakılabilecek herhangi bir ateşin kokusu çok çabuk buruna gelirdi. O da yoktu. Batıya doğru bir iki ev daha vardı. Uzaktan ancak duvarları görülebiliyordu. Onlar da simsiyahtı.

Yüzbaşı dürbünü teğmene uzatırken, "Sanki mezarlık!" dedi.

"İn cin top oynuyor, komutanım."

"İn ve cin tamamda, henüz top oynamıyorlar! Bunlar malzemelerin getirilme saatini mutlaka biliyorlar. Çok erkenden yola çıkmak istemezler ama ne kadar yolu bilseler de şu karşıda Himalayalar gibi duran yüksekliği aşmaları, iki saatten önce olmaz. Sen gözetle bakalım."

"Şeytan diyor ki, köye inip hepsinin işini bitirelim."

Yüzbaşı gülünce dişleri göründü:

"İşte teğmenlik ruhu budur. Hepimiz, o rütbede senin gibiydik. Gittik, bulduk, yok ettik. Kuş, ne olacak kuş? Çok bekleriz gelecek diye. Bu harekâtta PKK'lılar sadece araçtan ibaret. Hava aracı kimin? Malzemeler neyin nesi? Esas hedef onlar ve bu çok hayati bir mesele."

"Haklısınız komutanım."

"Boşuna gençlere 'deli kanlı' demiyorlar, Aykut! Eğer gençlerde bir de tecrübe olabilseydi, yeryüzü bugünkünden yüz kat daha iyi olurdu. Savaş dahil gençlerin işin içinde olmadığı hiçbir mücadele kazanılamaz. Her büyük meselede onların niyetinin saflığına ihtiyaç vardır."

Yukarıda bekleyenlerin iki meselesi vardı. PKK'lılar kendi bulundukları hattın batısındaki yerlere ne zaman geleceklerdi? Daha önceden, gündüzden, gelip yerleşmiş olabilirler miydi? Helikopterden önce Han Yaylası'nın ilersine doğru yürüyüp karların içinde bekleyebilirler miydi? Şu veya bu şekilde, helikopter gelip yükü bırakmadan önce yapılabilecek bir şey yoktu, sabırla beklemekten başka...

Üstçavuş Ömer, Üsteğmen Metin'le yan yanaydı.

"Üsteğmenim, yıldızlar ne kadar yakın. Bir merdiven olsa çıkıp elle yakalayacaksın sanki."

"Yaylanın çok yüksek oluşundan kaynaklanıyor. Kaldı ki biz, Han Yaylası'nın kenarındayız. Ortalarında olsak, merdivene de gerek duymazsın. Görüyorsun, kar burada yüksek. Yürüsek, diz kapaklarımıza kadar çıkar mutlaka."

"Nedir bu? Helikopter, malzemeler, yılanlar, çıyanlar at oynatıyor buralarda."

"Ömer, eğer PKK meydanda somun pehlivan gibi peşrev yapıyorsa bunun kispetini, kazandaki zeytinyağını kim sağlıyor? Ondan çıkar sağlayan ülkeler. PKK Pinokyo! İpleri, o tahta oyuncağı sahneye çıkaran marangozlarda. Bu gece de eğer olursa, marangozlardan birinin ona desteğini ve himmetini göreceğiz."

"Bütün bunlar tamam da üsteğmenim. Bu ne cüret, bu ne pervasızlık. Demek bu ülkeler üzerinde bizim hiç hükmümüz yok."

"Mesele de bu ya zaten."

"Ne kadar alışkın olsak da, şu pusuda beklemek yok mu,

çelikten sinirleri dahi boşaltabilir. İnsan bir an önce ne olacaksa olsun bitsin istiyor."

"Haklısın, hepimiz için geçerli bu dediklerin. Ancak, bizim gibi şeytan adamlardan oluşan bir hayalet müfreze olunca geriye dayanmak, dayanmak ve daha çok dayanmak kalıyor. Hiçbir insanın dayanamayacağı kadar dayanmak... İnsan tabiatının sınırlarını en üst noktalara sürebilecek ölçülerde dayanmak. Dayanamayanlar ise yenilecektir."

Saat 22:00 civarında sadece dürbünle bakanlarda değil, çıplak gözle de köyün içini ve evleri gözetleyenlerde de bir kıpırdanma oldu. Siyah gölgeler tam önlerinde bulunan dört evin dağa en yakın olanından birbiri ardına dışarıya çıkmaya başladı. Sola doğru kısa bir yürüyüşten sonra, dağa doğru dönüp sadece başlangıç noktasının bir bölümü görülebilen keçi yoluna geçtiler. Kayalıkların durumuna bağlı olarak bir görünüp bir kaybolarak yukarıya tırmanıyorlardı. Kısa bir süre sonra da görünmez oldular.

Müfreze komutanı, "Kaç kişi saydın Aykut?" diye sordu.

"Sekiz komutanım."

"Tastamam doğru," dedi yüzbaşı ve Üsteğmen Metin'i kriptolu telsizden aradı:

"Tavuklar kümesten çıktı. Sekiz... Yeme geliyorlar. Bir saatten önce hizanızda olamazlar."

"Anlaşıldı."

Yüzbaşı ayağa kalktı.

"Beni takip edin," diyerek kalktı ve daha önceden tespit ettiği istikameti takip ederek baş aşağı yamaçtan inmeye başladı. Yamacın toprak kısımları balçıktı. Tespih taneleri gibi sıra sıra aynı yönü takip ederek vadinin tabak kadar düz olan tabanına indiler. Yer yer karla kaplı bu alan daha da çamurluydu. Botlar batıp çıktıkça çıkardıkları sesler, mezarlık sessizliği süren vadide sükûneti bozuyordu.

Yüzbaşı hemen arkasındaki teğmene, "İki kişi beni takip etsin. Bunların çıktığı eve gideceğim. Sen kalanlarla diğer üç evi kontrol et. Şu uzaktaki iki eve gitmenize gerek yok," diyerek dağa en yakın olan eve doğru yürümeye devam etti. Başçavuş Mustafa ile Uzman Çavuş Ziya hızlı hızlı yürüyerek müfreze komutanın arkasına geçtiler.

Eve on metre kala, yüzbaşı işaretle Mustafa Başçavuş'u yanına çağırdı ve ağzını onun kulağına dayayarak, "Ben kapıya gideceğim. Sen, şu pencerenin yanına. Ziya'ya söyle öbür tarafta mevzi alsın. Belki başka bir pencere olabilir. Kapıyı kilitlemiş olabilirler. Benim ıslığımı duyar duymaz, çerçeveyi çökert ve el feneriyle olabildiğince içeriyi aydınlatmaya çalış," diye emir verdi.

"Ya başka odada duruyorlarsa komutanım!"

"Bu tip evler, girişten itibaren holle başlar, genellikle de soba veya ocak buradadır. Tamam mı?"

"Anlaşılmıştır, komutanım."

Astsubay yanından ayrıldıktan sonra yüzbaşı, kısa bir süre kapının karşına denk gelen, yer yer ağaçlık olan araziyi kontrol ederek, bir iki hamlede kapının yanına sıçrayıp sırtını duvara dayadı. Tüfeğin emniyeti açıp mandalı otomatiğe aldı. Hücum yeleğindeki el bombalarının çıtçıtlarını açtı. Silahını sağ kalçasına iyice oturttuktan sonra, kuş sesine benzer bir ıslık çaldı. Karanlık içinde el fenerinin ışığını arkasında hissedince tekmeyi olanca gücüyle kapıya indirdi. Kapının bağırır gibi duvara çarpmasıyla yüzbaşının şimşek gibi içeri girmesi bir oldu. Fenerin ışığı fırdönerek ortalığı taramaya devam ediyordu. Görünenler birkaç yer yatağı, bir köşeye yığılı kap kacak, eskimiş ayakkabılar, odun ve çalı çırpı öbekleri, içlerinde bir şeylerin olduğu anlaşılan yarısı boş çuvallardı.

Tam karşıda iki oda daha vardı ve birinin kapısı açıktı. Oraya göz atıp diğer kapıyı da tekmeleyerek indirdi. Duvara sırtını verip el fenerini hızla odaların içinde gezdirdi. Bunlarda da yer yatakları ile battaniye gibi eşyalar vardı. Evde kimse yoktu!

Başçavuş Mustafa da içeri girmişti.

"Malzemelere bakılırsa hepsi aynı evde, burada kalıyorlar. Uzun zamandır da kaldıkları anlaşılıyor," dedi, müfreze komutanı.

"Nöbetçi de bırakmıyor bunlar. Şaşılacak şey komutanım."

"Dağların kara kışı var ya, onu kendilerinin müttefiki olarak kabul ediyorlar. Nasıl olsa kimse gelip onları rahatsız etmeyecek. Bu hep yıllardır böyle sürüp gittiği için, gel keyfim gel. Gerçi buraya niye nöbetçi bıraksınlar, üç beş çuldan başka bir şey yok ki! Evde, yaralı veya hasta olabilir, o da bize ateş açabilir diye tedbirli davranmak zorundaydık."

"Silahların patlamadığı iyi oldu ama. Yoksa dağ taş inlerdi."

"Gidenler duyar diye söylüyorsun değil mi? Duysunlar, artık hiçbir farklı hareket yapabilecek durumda değiller. Yükün geleceği ortaya çıktı. Bizim bilemediğimiz bir terslik çıkmazsa tabii. Silah seslerinden tedirgin olup işkillenebilirlerdi ancak geri dönüp ne olduğuna bakabilecek ne güçleri ne de zamanları var. Dönüşte tedbirli olmaya çalışacaklardı hepsi o kadar."

"Siz bunların ciğerini biliyorsunuz, komutanım."

"Ciğerlerini değil, bütün organlarını biliyorum ama benim ve senin bilmen yetmiyor ki Mustafa. Biz elimizden geleni yaparak kendimize olan saygımızı koruyoruz. Teğmene söyle, herkes buraya toplansın."

Başçavuş gidince yüzbaşı dışarı çıkıp kapının yirmi otuz metre ilersindeki bir ağacın altına gidip sırtını dayadı. Vadinin iki yanında duvardan farksız dağların arasındaki büyük koridordan gökyüzünde yanıp sönen yıldızları seyretti. Geçmişte Kazan Vadisi'nde yaptıkları muharebeler gözünün önünden geçti.

Balabanlar toplanınca yüzbaşı onlara dağa iniş çıkışı sağlayan keçi yolunun vadiden başladığı noktayı ve PKK'lıların kaldığı evi çok iyi görebilecek pozisyonda, uçları açık bir kavis şeklinde mevzilenmelerini emretti. Kol kısa bir sürede emredilen tertibi alarak beklemeye geçti.

Müfreze komutanı, Üsteğmen Metin'i aradı:

"Durum nedir?"

"Normal!"

"Bir mola vermedilerse sizin hattınıza ulaşmış olmaları gerekir."

"Geldilerse de uzak solumuzda kalan kayalıklarda olabilirler."

"Doğrudur. Tamam."

Bu konuşmadan yarım saat geçmemişti ki üsteğmen müfreze komutanını arayarak, "Ortaya çıktılar. İp gibi arka arkaya dizilmiş sekiz kişi, yaylanın ortasına doğru gidiyorlar. Kar derin olduğundan hızları düşük."

"Anlaşıldı."

"Bulunduğumuz hat daha alçakta kaldığı için görebildiğimiz ufkun ötesine geçerlerse gözden kaybedebiliriz."

"Fark etmez, nasılsa dönecekler."

"Anlaşıldı."

Ay tam tepelerine gelmemiş olmasına rağmen karlı yaylayı aydınlatıyordu. Beyaz manzara üzerinde sekiz kişi siyah figürler halinde, kar yüzünden hız yapamadıkları için yavaş çekim gösterimdelermiş gibi ilerliyorlardı.

Buzkıranların her biri tetikte beklerken Üstçavuş Ömer, "Üsteğmenim, böyle bir fırsat da az bulunur," diyerek, siyah arpacığın üstünden beyazlığın ortasındakilere baktı.

"Savaşta aptallığın sınırı olmaz. Durumları bu," dedi, Üsteğmen Metin.

Gece yarısından bir saat sonra gökyüzünde derinden derine boğuk bir motor sesi duyuldu. Han Yaylası kenarında bekleyen Buzkıranlar, Kazan Vadisi'ndekilerden biraz daha önce duydular bu sesi. Homurtu gittikçe üzerlerine doğru geldi. Gece görüş dürbünleriyle gökyüzünü taradılar. Vadi tabanındakiler havada bir şey göremediler ve ses onlardan uzaklaştı.

Üsteğmen Metin, müfreze komutanını aradı. Heyecanını gizleyemeyen bir sesle durum bildirdi:

"Orta çaplı bir kargo uçağı. Tek bir paraşütün ucuna bağlı malzeme sandığı attı. Şu anda gözetliyorum. Hızla yere yaklaşıyor. Uçak doğuya doğru patern alarak Oramar üzerinden geldiği istikamete, Irak'a doğru yoluna devam ediyor."

"PKK'lıların tam yeri neresi?"

"Bulunduğumuz yerden tespit edilemiyor ama yürüyüş hızlarını dikkate alırsak atma mevkisine çok yakın bir yerde olmaları muhtemel!"

"Güzel, takip edelim."

Yüzbaşı kendi kendine, "Aferin Tebriz Ağa, çok iyi bir iş yaptın," dedi.

Bir saat sonra Buzkıranlar, Han Yaylası'nın ufukla kesiştiği yerde siyah bir kitlenin siluetini gördü. Çok yavaş hareket ediyorlardı. Siluet belli bir süre sonra netleşti. Üsteğmen Metin gece görüşte, birkaç kez dürbünü göz hizasına kaldırıp indirdikten sonra müfreze komutanını aradı:

"Durum netleşti."

Yüzbaşı, "Nedir?" diye sordu.

"Giden gelen PKK'lı sayısı aynı. Kenarlarından tutmuş halde üç sandık taşıyorlar. Sandığın biri uzun. Diğer ikisinin büyüklüğü birbirine yakın. Yaklaştıklarında alalım mı?"

"Hayır! Onlardan daha iyi hamalı nereden bulalım. Biz aşağıda bekliyoruz."

"Tamam!"

Aradan epey bir zaman geçtikten sonra Üsteğmen Metin yeniden aradı:

"Şu anda, üç yüz metre kadar solumuzdalar. Dağ yoluna girmeleri için çok kısa bir mesafede bulunuyorlar. Çok yorgun ve bitap düştükleri her hallerinden belli, karların içinde oturuyorlar. Sırtüstü yatanları dahi var."

"Kim dedi onlara, dağda ecnebilerin hamallığını ve uşaklığını yapın diye? Hareket ettiklerinde bildirin."

"Anlaşıldı."

Aradan yarım saat geçtikten sonra üsteğmen tekrar durum bildirdi:

"Hareket ettiler!"

"Bunlar o yüklerle gün ışımadan evvel bizim yanımıza gelemezler. Onların dağ yoluna girişinden bir saat sonra, siz aynı patikayı kullanarak bulunduğumuz yere inin."

"Alındı, anlaşıldı."

Sabahın geldiğini vadinin göğe açılan tavanı haber verdi. Aydınlık yavaş yavaş yukarıdan aşağı doğru uzandı. Çöküntü, görüşe büyük bir engel teşkil etmeyecek derecede sisliydi.

Çok fazla beklemediler. İlk sandığı taşıyanlar yamaçta göründü. Arkasından da diğerleri. Uzun sandık en gerideydi, sonda da sandık tutmayan iki PKK'lı vardı. Yük taşıyanların silahları sırtlarında asılıydı. Perişan oldukları her hallerinden belliydi.

Pusu yayının ölüm bölgesine girdiklerinde yüzbaşı, yanındaki Aykut Teğmen'e:

"Selam ver şunlara, bakayım alacaklar mı?" dedi.

Teğmen avazı çıktığı kadar, "Teslim olun! Çembere alındınız!" diye bağırdı.

Çağrıyı duyar duymaz, en geride tüfekleri ellerinde bulunanlardan biri hiç umulmadık bir çabuklukla sesin geldiği tarafı taramaya, diğeri de gelişigüzel oraya buraya ateş etmeye başladı. Aynı anda makineli tüfek ve diğer tüfekler, cehennem makinesi gibi ölüm ve ateş kusmaya başladı. Vadi korkunç uğultularla inledi. Ateş topunu andıran vuruşlar, iki PKK'lının bedenini havaya kaldırıp birkaç metre geriye, çamurların içine fırlattı.

Geri kalan altı kişi, sandıkları yere atıp ellerini başlarının üzerine koydular. Gözleri yuvalarından dışarı uğrayacak gibi hayret ve dehşet içindeydiler.

İki saat sonra Buzkıranlar da vadi tabanına indiler.

Uzun sandık açıldığında gördükleri şey herkesin canını sıkmaya yetti! Bu, bir hava savunma füze lançeriydi! Sandığın birinde ise on adet füze başlığı vardı. Lançerle atılacak olan mühimmat. Üçüncü sandıkta, piyasada pek bulunmayan muhtelif ilaçlarla, iki solunum teçhizatı bulunuyordu.

Müfreze komutanı özel radyo frekansıyla raporunu gönderdi:

"İkisi ölü. Altısı yanımızda. Olağanüstü bir makine ve dikiş iğneli teçhizat aldık. Köprülü'de, XMTLNK'deyiz. Köprülü yanımızdaki her şeyi karadan alabilir. Onları bekleyip ayrılacağız. Köprülü'ye gelecek olan helikopter, mühimmat, erzak ile kırk iki numara ve üstü yirmi bot getirebilirse uygundur. Emanetleri almaya gelen araçlarla bize ulaşabilirler. Tamam."

Kısa bir süre sonra:

"Tebrikler. Anlaşıldı. Hemen karşılanacak," bilgisi geldi.

Müfreze komutanı kol komutanlarını çağırdı ve şu emri verdi:

"Ana üsse bildirdim. Bizim ihtiyaçlarımızı bir helikopterle, Köprülü Jandarması'na gönderecekler. Onlar da araçla gelerek teslim olanlar ve ele geçen silah ile diğerlerini alıp kışlalarındaki helikoptere götürecekler. Oradan da ana üsse sevk edilecekler. Köprülü bize on sekiz, yirmi kilometre uzaklıkta olmasına rağmen gene de üç dört saati bulur. Arkadaşlar istirahat etsinler. PKK'lıların kaldığı ev daha uygun görünüyor. Üstelik yakacak da var. Ateş yakmanızda bir sakınca yok. Biz vadiden çıkmak için havanın kararmasını beklemek zorundayız. İyi gözetleme sağlayan iki kritik yere nöbetçi koyalım."

Saat 13:00'te, Köprülü Jandarmaları iki askeri kamyonla geldiler. Müfrezenin ihtiyacı olan mühimmat, erzak ve botları teslim ettiler. Altı PKK'lıyı, lançer ve füze başlıklarıyla tıbbi malzemeyi kamyonlara yükleyip helikoptere vermek üzere ayrıldılar.

Müfreze komutanı sırt çantalarını sığınak olarak kullandıkları mağarada bıraktıklarından, gelen malzemeleri taşımaları için yirmi kişiye bölüştürdü. Hava kararır kararmaz da vadinin içinden doğuya doğru yürüyüşe geçtiler. Taşbaşı köyü hizasına geldiklerinde yukarı çıkıp köyün üstünden sığınağın bulunduğu patika yola girdiler. Sığınağa ulaştıklarında saat henüz 20:00'ydi.

Sabah olduğunda gayet sakin görünen hava birkaç saat içinde simsiyah oldu, çok geçmeden de göz açtırmayan bir kar fırtınası başladı. Tipi zaman geçtikçe o kadar şiddetlendi ki, kar ve savruntuları vadi tabanında ve iki yamacında anaforlar yarattı. Göz gözü görmez oldu.

Gözcüler hariç herkes mağaranın içinde şahsi işleriyle uğraşıyorlardı. Kendi silahlarına uygun mühimmatları aldılar, erzaklar cinslerine göre pay edildi. Yırtılan ve topukları düşmüş olan botlar atılarak yenileri giyildi. Çok miktarda yün çorap gelmişti. Çok makbule geçti bu çoraplar. Eskileri ıslanmaktan ve kurutulmaktan keçe gibi olmuştu.

Buzkıran koluna mensup Komando Er Hüseyin, Sağlık Çavuşu Ahmet'in yanına geldi. Çavuş kendisine verilen erzakları bir torbaya yerleştirmekle meşguldü.

"Ahmet Çavuşum!"

"Efendim Hüseyin."

"Sana bir şey göstereceğim ama kimsenin haberi olmamalı."

"Tamam. Nedir o göstereceğin?"

Hüseyin etrafına bakındıktan sonra yavaşça çavuşun yanına oturdu ve bağları çözülmüş halde bulunan botun içinden sağ ayağını çıkardı. Ayak çorapsızdı, bilek altı şişmiş ve mosmor görünüyordu.

"Anlaştık değil mi, kimse duymayacak."

"Tamam dedik ya be oğlum. İkide bir tekrar edip durma."

Ahmet Çavuş, eliyle ayağın şiş kısmına bastırınca Hüseyin elinde olmadan hafifçe sıçradı. Sonra, iki eliyle parmaklara doğru baskı uygulayan çavuş:

"Bir ödem oluşmuş. Damar damar üzerine de gelmiş olabilir. Ne zamandan beri var bu?"

"Dün gece oldu. Bir kaya yarığına girince sanki ayağım ters döndü gibi oldu. Önce pek bir şey hissetmedim ama yürüdükçe ağrısı ve sıkıntısı arttı."

"Dün, bütün gün Kazan'da bekledik. O zaman niye söylemedin?"

"Geçer sandım."

"Şuna erkekliğe yediremedim desene!"

"Peki, ne olacak şimdi?"

"Elinin körü olacak."

Ahmet Çavuş, sağlık çantasından çıkardığı bir merhemi ayağın şiş kısmına bolca sürdü ve iki eliyle beş dakikadan fazla bir süre ovdu. Sonra uzun bir sargı beziyle ayağı kundaklar gibi sardı.

"Çorabın nerede senin?" diye sordu.

"Eşyalarımın yanında!"

"Sen azıcık delisin, değil mi? Delilik, matah bir şey değil aslanım. Bu ayak çıplak halde bota sokulur mu? Hele bu Allah'ın soğuğunda!"

"Yüreklilere bir şey olmaz."

"Ama ölürler."

"Topu topu bir kez ölürler."

"Bırak bu teraneleri!"

"Senin ayağını müfreze komutanının görmesi, vedalaşma zamanının gelmesi demektir. Sen, bu ayakla dağ geçitlerinde karda, çamurda nasıl yol alacaksın ve çatışmalara gireceksin? Herkes senin ayağına göre mi yürüyüşünü ayarlayacak ha!"

"Aman gözünü seveyim Ahmet Çavuş. Ben herkes kadar hızlı yürürüm, kendi yükümü de taşırım."

"Hey Allahım! Nasıl bir memlekette yaşıyoruz? Bir kısmı, bırak savaş alanını, askere gitmemek için kendini çürüğe çıkartır. Bir kısmı, bedelli adı altında para verip bu işten sıyrılmak ister. Ve bunları biz dağlarda, kar çukurlarında ve ölümün kol gezdiği vadilerde çarpışırken yaparlar. Bunlarda vicdanın kırıntısı yok."

Tam bu sırada Asteğmen Murat yanlarından geçiyordu.

"Kim de vicdanın kırıntısı yok, Ahmet Çavuş?"

"Şu, kendini çürüğe çıkartanlarla, para karşılığı askerlikten tüyenlere söylüyorum asteğmenim."

"Sen onlara kızacağına, o partilere pırtılara oy verenlere kız. Kanunları çıkaranlar o pespayeler değil ki, partiler! O partilerin kuyruğuna takılıp da oy verenlere kız sen!"

"Biraz düşününce doğru asteğmenim."

"Hüseyin'le sohbet mi ediyorsunuz?"

Hüseyin yalvaran gözlerle çavuşa baktı. Ahmet Çavuş hiç tereddüt etmeden:

"Anne tarafından hemşeri sayılırız da oradan buradan laflıyorduk biraz."

Asteğmen, "Özlem ha!" dedi ve gitti.

"Sağ ol Ahmet Çavuş. Söyleyeceksin diye ödüm koptu."

"Seni başımızdan savacağımızı mı sandın? Sen salağın birisin."

"Çabuk iyileşir mi bu ayak?"

"Üzerine fazla ağırlık verme. Tabii hemen bir harekâta çıkmazsak senin için iyi olur. Birden de geçmesini bekleme. İki gün sonra sargıyı açar, yeniden bakarız."

Hüseyin ayağa kalktı, sanki hiçbir şeyi olmayan biri gibi yürüyerek silah ve malzemelerinin bulunduğu yere gitti. Arkasından Hüseyin'i izleyen Ahmet Çavuş söylendi:

"Şuna bak! Keyfi yerinde."

10

Müfreze komutanı dışarı çıktı. Kar, fırtınayla birlikte ortalığı altüst ediyordu. Parkasının başlığını başına geçirmek zorunda kaldı. Gözü, Taşbaşı köyü istikametindeydi. Tebriz Ağa eline, ayağına ve işine çabuk adamdı. Hiçbir şeyi süründürmez ve uzatmazdı. İki güne yakın bir süre geçmişti. Ama her zaman her şey olabilirdi. Kazan Vadisi'ndeki operasyonu köyün duymamış olması mümkün değildi. Hatta Çukurca'da yaşayanların bile.

Tipi birkaç metre ilerisini dahi görmesini engelliyordu. İki gözcü karşı yamaçtaydı ama onları da görmek imkânsızdı. İç cebinden özel düdüğünü çıkarıp bir uzun iki kısa şekilde öttürdü. Bu, "Sese gelin," demekti. Çok geçmedi, iki kardan adam yamaçtan indi, yolu geçti ve tekrar kısa bir tırmanıştan sonra mağaranın önündeki yüzbaşının karşısına geçtiler. Kapüşonları kulaklarını kapadığından, müfreze komutanı bağırdı:

"İçeri geçin, siz görmüyorsanız, başkası da göremiyordur. Bu havada kurt bile dışarı çıkamaz."

Askerler başlarıyla anladık işareti vererek mağaraya girdiler.

Subay ve astsubaylar, havanın kararmasından sonra, müfreze komutanının çevresinde toplanmışlardı. Bugün dağların ve fırtınalarının günüydü. Aslında her gün onların sayılırdı ama bugünkü gibi günlerde canlılara, siz hiçsiniz der gibiydi.

Üsteğmen Metin, "Tebriz Ağa ne zaman görünebilir komutan?" diye sordu.

"Hiç belli olmaz, bir saat sonra bu kıyamette bile çıkıp gelebilir, birkaç gün de sürebilir. Ne kadar çabuk gelirse bizim için o kadar iyi olur. Özellikle Kazan işinden sonra."

Asteğmen Tekin, "Şu lançer ve füze başlıkları akıl almaz bir şey. Nasıl bir dolap dönüyor üzerimizde insanın inanası gelmiyor."

"Zap kampında, yıllar önce de bu silahla bizim bir süper kobramızla, bir Sikorsky'mizi düşürdü PKK," dedi yüzbaşı.

Asteğmen Murat, "Hiç şaşırmıyorum! Bu devlet daha kimle savaştığını, kimin dost, kimin düşman olduğunu bile tespit edemedi ki! Bölgede bizden başka herkes köpeksiz köyde çomaksız oynuyor. Bu kadar fedakârlık, özveri ve acının sonunda biz nasıl galip geleceğiz? Şahsen ben ümitsizim," dedi.

Mustafa Başçavuş, "Her şey ortada. Şu atma vasıtası ve başlıklar alınınca ne yapılacak, çok merak ediyorum," diye ekledi.

"Ben sana söyleyeyim Mustafa," diye araya girdi yüzbaşı, "herkes bir üstüne bildirecek. Resimlerini göndermeyi de ihmal etmezler. Sonunda siyasilere kadar gidecek olay. Onlardan da, dışişlerine, elçiliklere, şunlara bunlara... Sonunda, 'Yağmur yağıyor, seller akıyor, Arap kızı camdan bakıyor,' olacak. Eski tas eski hamam, vur patlasın çal oynasın olacak. Bizim faydamız şu oldu: Bu omuzdan atılan hava savunma lançeri, o ele geçirdiğimiz füze başlıklarını bizim hava araçlarımıza atamayacak. Bir kez daha gördük ki, olaylara sadece talih egemen olabiliyor," dedi. Sonra birden, "Ahmet Çavuş nerede? Buraya gelsin," diye seslendi.

Ahmet'in gelmesi kaşla göz arasında oldu.

Yüzbaşı, "Personelin sağlığı ile ilgili, benim bilmediğim bir şey var mı?" dedi.

Çavuş önce şaşırdı fakat çabuk toparladı:

"Hayır komutanım. Herkes turp gibi maşallah. Ufak tefek ayak vurukları var ama görevlerini olumsuz etkileyecek bir durumları yok."

Çavuş, gene de tedirgindi.

"Demek, sana çok iş düşmedi, öyle mi?"

"Şükür komutanım düşmedi. Aman düşmesin zaten. Sizin ayaklarınızda bir şey var mı bilemiyorum tabii."

Yüzbaşı kestirip attı:

"Çavuuuuş, acı patlıcanı kırağı çalmaz! Peki gidebilirsin."

Ahmet Çavuş, büyük bir badire atlatan bir insanın rahatlığıyla selam verip ayrıldı.

Arkasından müfreze komutanı Komando Er Tahsin'i çağırdı.

"Nasılsın Tahsin?"

"Hepimiz iyiyiz komutanım. Ama otur otur canımız sıkılıyor biraz."

"Şimdi meydan doğanın. Her zaman da onun ya neyse. Tipiye efelik yapıp, 'Boğ bizi sana geldik,' diyecek halimiz yok. Sen bir şeyler söyle de herkes dinlesin bakalım. Gördüğüm kadarıyla henüz uykuya çekilen kimse yok."

"Biz zaten hepimiz daima tavşan uykusundayız, komutanım."

"Bu sözü kim ne zaman söylemiş bilmiyorum ama bence

tilki uykusunda bulunmak lazım. Tongaya basmamak için. Ne dersin?"

"Tilki daha kurnaz ve uyanık oluyor. Hakikaten doğru komutanım. Bunlar niye tavşan demişler?"

Oturanlar, kendilerini tutamayarak güldüler.

Tahsin gitti ve sırtını mağaranın duvarına dayadı, o nefesini ayarlamaya çalışırken, yüzbaşı, Asteğmen Murat'a, "Neden insanoğlu harekât alanında daha çok türkü söylemek ve dinlemek ihtiyacı duyuyor Murat?" diye sordu.

"Çok doğal. Ve hem kültürel hem de sosyolojik bir şey. Çünkü türküler esas halkın duygu ve melodilerini yansıtıyor. İçten ve özgün. Yapmacıklık yok. Türküler halkın çaresizliğinin, acılarının, duygularının bir aracı. Yapamadığı, baş edemediği, yenemediği zaman türkülere döküyor duygularını. Türkü, halk için bir nefes, bir çıkış yolu. Onunla ruhunu rahatlatıyor."

"Daha güzel tarif edilip anlatılamazdı," dedi, müfreze komutanı.

Tahsin başladı ve birbiri ardına söyledi:

"Ben ayrılmak istemedim
Sebep olanlar utansın
Tırpan vurdu toprağıma
Mevsim dursun güz utansın.

Çürümüş yaprak gibiyim
Sebep olanlar utansın
Çatlamış toprak gibiyim
Irmaklar çaylar utansın.

Dağlar girdi aramıza
Taş yürüsün yol utansın
Diken sardı ellerimi
Sebep olanlar utansın.

Çiğ düşüyor gözlerimden
Yanaklarım ıslanıyor
Kurumuş yaprak gibiyim
Zamansız yağmur beklerim.

❖

Kanatları gümüş yavru kuş
Dağlara çıkma sen.

Yandım çavuş yandım senin elinden
Çok sallanma kasatura da fırlar belinden.

❖

Asker oldum piyade
Gidiyorum işte gör

❖

Ölümden korkup da sen geri durma
Yiğidin alnına yazılan gelir."

Son türküden sonra Tahsin ayağa kalkıp sağ elini kalbinin üzerine koydu ve eğilerek herkesi selamladı.

"Alkış", "Bravo", "Yaşa" sesleri karşısında sıkılıp mahcup olan Tahsin, tekrar yerine oturdu.

Yere biriken ve yağan karları döndürüp duran fırtına, neredeyse mağaranın ağzını bile kapatacaktı. Girişten birkaç metre içeriye doğru da epey kar girmişti. Mağaranın girişine bir set yaptılar ve iki gözcü bu setin arkasında nöbete geçti. Sabah olduğunda kar yağışı halen sürüyordu. Fırtına kesilmiş, kar taneleri incelmiş, fırtınanın eski yoğunluğu kalmamıştı. Görüş mesafesi de elli altmış metreye kadar çıkmıştı. Bütün gece devam eden fırtına ve kar yağışı patika yolda karsız hiçbir yer bırakmamıştı.

Müfreze komutanı, saat aralıklarıyla dışarı çıkıp havaya, yola ve köyün istikametine bakıp içeri giriyordu. İçinden, *hadi, Tebriz Ağa, hadi!* diye geçiriyordu. Geceyi mi bekliyordu? Bu konularda zamanın ne kadar hayati önem taşıdığını bilen adamdı Tebriz Ağa. Ama henüz ortalarda görünmüyordu. Zayıf olmasına rağmen, başına hesapta olmayan bir şeyler de gelmiş olabilirdi. Her geçen saat sanki asır gibiydi, geçmek ve bitmek bilmiyordu. Müfreze komutanı bütün bunları bilmesine rağmen, istemeden de olsa, "Ya sabır," çekiyordu.

Son giriş çıkışından yirmi dakika geçmişti ki nöbetçilerin uyarı işareti geldi. Yüzbaşı yıldırım gibi fırladı dışarıya ve bakışlarını yolun köy yönüne çevirdi. Görüş mesafesi şimdi yüz metreden daha da fazlaydı. Gelen, Tebriz Ağa'ydı. Gene sırtında bir çuval vardı.

Yüzbaşı mağaranın dışında biraz da hava almak için bulunan askerlerden birine, "Git ve yardım et!" işareti verdi. Asker yamaçtan yuvarlanırcasına patikaya indi.

Tebriz Ağa sığınağın önüne geldiğinde müfreze komutanı iki elini yana açarak gelen adamı kucakladı.

"Hay yaşayasın Tebriz Ağa, seni hacı bekler gibi bekliyoruz," dedi.

"Tayfun kumandan, her geçen yıl biz de yavaş yavaş göçüyoruz. Baksana zor nefes alıyorum. Köyle buranın arasını vakti zamanında yarım saat bile sürdürmezdim. Şimdi bir saatte zor gelebildim."

"İyi de sırtındaki çuvalı hiç hesaba almıyorsun."

"Yok be beyim. O da yük mü? Zamanında bir katır artık yürüyemez hale geldiğinde onun yükünü sırtımıza vurup taşırdık. Bunlar ne ki?"

"Sen var ya sen, benim diyen gence taş çıkartırsın. Öyle lafların arkasına sığınmaya kalkma. Bana anlatamazsın. Gel içeri bakalım."

Tebriz Ağa dizlerine kadar sırılsıklam olduğu ve paltosu da aynı durumda bulunduğu için, ikisi ateşin yakınına oturdular. Tebriz Ağa su içinde kalan paltosunu sırtından çıkarıp açarak yere serdi.

"Gene dayanamayıp bir şeyler getirmişsin."

"Konuşmaya bile değmez kumandan."

"Keşif tamam mı? Çevrede ne olup bitiyor?"

"Onu en iyi sen bilirsin Tayfun Yüzbaşı! Heriflerin aklı fikri karışmış. Yayla evinde baskın yemişler. Oramar kolu pusuya düşmüş. Ondan önce de bir pusu olmuş. İki gün evvel de Kazan Vadisi baskını."

Müfreze komutanı güldü:

"Eee... Kim yapmış bunları?"

"Beni de zorla güldüreceksin kumandan. Böyle seri ve kesin sonuçlu bir harekâtı kim yapabilir ki, tabii ki sen ve adamların."

"PKK ne düşünüyor peki?"

"Düşünüyorlar, düşünüyorlar ama işin içinden çıkamıyorlar. Çünkü kurtulup da onların yanına dönebilen olmamış ki, tam olarak ne olup bittiğini kavrayabilsinler. Aslını ararsan Kazan işi bunları korkutup paniğe düşürmüş. Çünkü hiç akla hayale gelmeyen bir şey olmuş. Tıbbi malzemeler, işte ne ise, onlar da sizin elinize geçti, değil mi?"

"Tebriz Ağa, tıbbi malzeme de vardı ama esas yük o değildi. Ne attılar havadan biliyor musun? Hava savunma silahı ve onun füzelerini!"

"Deme yahu! Allah Allah!"

"Maalesef öyle."

"Helikopter ne oldu?"

"Helikopter değil, uçaktan paraşütle yere gönderdiler."

"Ulaa... Vay canına! Şu kâfirlerin işine bak!"

"Zap'tan ne haber?"

Tebriz Ağa, bel kuşağı ile pantolon kemeri arasından kirli bir naylona sarılı küçük bir kâğıt çıkarıp yüzbaşıya uzattı.

"Nerelere sokmuşsun bunu böyle," dedi yüzbaşı.

"Nerede, kimle karşılaşacağımız belli değil ki kumandan."

"Ustasın demek istedim."

"Başka türlü de olmaz ki."

Yüzbaşı naylondan kâğıt parçasını çıkardı. Birkaç noktasında üzerine su damlatıldığından dağılma vardı. Çizimlerde tükenmez kalem kullanılmıştı, çizilen figürler ise eciş bücüştü. İki eliyle kâğıdı gerdi ve yere koydu, ışığı yeterli görmeyip üzerine el fenerini tuttu. İncelemesi on dakika kadar sürdü. Önceden sahip olduğu bilgilerle kâğıt üzerindekileri kıyasladı. Farkları çıkartmaya çalıştığı belliydi. Nihayet sordu:

"Kaç PKK'lı olduğunu söylüyorlar Zap'ta?"

"Yüz kırk, yüz elli diyorlar."

"Avaşin'den gelen de aynı sayıyı söylemişti. Tabii, azalıp çoğalma da olabilir ama çok sayıda olamazlar. Sığınağın kapasitesi ve erzak durumu kışın büyük sayıda gelgitlere müsaade etmiyor, değil mi?"

"Doğrudur kumandan. Kışları hep böyle olur, bilirsin. Nerede, kaç kişinin kalacağını peşinen, kış öncesinde planlarlar. Büyük bir şey olmazsa da bahar ortalarına kadar aynı nüfusu korurlar."

"Krokide gene dört büyük sığınak görünüyor. Şu siyah noktalar da gözetleme ve nöbet yerleri, öyle mi?"

"Kışın nöbetçi sayıları az oluyor, gece ve gündüz sayıları da farklı. Hava kararınca "x" işaretli yerlerdekiler de sığınağa geçiyor. Karı fırtınayı kendilerinden saydıklarından, güven duyguları çok yüksek. Haksız da değiller hani."

"Peki, biraz önce saydığın olaylardan sonra bir ihtimal de olsa oralara gelebileceğimizi düşünemezler mi?"

"Bir defa onların aklı şunu almaz: Yurtiçinde bunlar olabilir belki ama bu işlerin Zap'a uzanmasını düşünmek, onların ne hayaline ne de düşlerine sığar. Yapılanları da her bir yerde başka başka askeri birliklerin yaptığını sanırlar. Endişeleri, orda burda dolanan yurtiçi gruplarının üzerinedir, onların başına ne gelip gelmediğini bulmaya, öğrenmeye, çıkarmaya çalışıyorlar. Üstelik olup bitenleri ne gören var, ne de kaçıp kurtulan mevcut. Böyle olunca da şaşırıp kalıyorlar."

"Ama senin olup bitenden geç de olsa haberin oluyor!"

"Ne dersin kumandan bey? Hani derler ya, 'meslek sırrı', onun gibi bir şey işte. Sen anlarsın bu işleri de, gene de bana sormadan edemiyorsun Tayfun Yüzbaşım."

"Sen bir âlemsin Tebriz Ağa. Bu işlerde kimse seninle aşık atamaz."

"Öyle deme, beni utandırıyorsun."

"Bir çay daha içer misin?"

"Yok, bana müsaade et gideyim. Şu andan itibaren senin ne kadar işin olduğunu tahmin edebiliyorum."

"Oldu, sen bilirsin. Çok geç olmadan eve gitmende yarar var. Şu, 'Yerin kulağı vardır,' sözü var ya..."

"Doğru söylersin de, benim için bu saatten sonra birçok şeyin pek kıymeti de kalmadı. Allah sizin yardımcınız olsun."

Beraber mağaradan çıktılar. Hava henüz kararmamıştı. İkisi de bir şey söylemeden kucaklaştılar. Yüzbaşı gözden kayboluncaya dek Tebriz Ağa'yı arkasından takip etti ve sonra içeri girdi.

Yüzbaşı müfrezedeki yirmi komandoyu mağaranın düz ve tabak gibi bir taşı olan duvarının önüne topladığında saat 20:00'ydi. Yüzbaşı ayakta duruyordu, diğerleri onun etrafında yarım daire şeklindeydiler. Yanan fenerlerin bir kısmı da önlerindeki duvarın dibindeydi.

Müfreze komutanı herkes yerini aldığında hiçbir şey söylemeden belindeki komando bıçağını çıkarttı. Bazen uzun çizgiler yaparak bazen de belli noktalara sivri darbeler indirerek düz ve yarı sarımtırak kayanın üzerine basit bir arazi krokisi çizdi. Sonra bıçağı kınına sokup oturanlara döndü. Lafı uzatmadı:

"Arkadaşlar, yarın hava kararınca buradan hareket edeceğiz. Bizim arazileri geçip Kuzey Irak'a girecek ve bütün gece yol alacağız. Şafak sökerken de PKK'nın Zap kampını basacağız."

Durdu ve yerde oturanların yüzlerini tek tek inceledi. Yüzlerinde hiçbir hayret emaresi göremedi. Üniformasının ceketinin sol kolundaki yuvalardaki kalemlerin yanından işaret çubuğunu çekip çıkardı ve uzun hale getirerek anlatmaya devam etti:

"Şu çizgi, bizim topraklarımızı terk ettikten sonra beş altı kilometre daha tam güneye akan ve şuradan itibaren de birden doğuya dönerek akışını sürdüren Zap Suyu. Zap kampı, suyun bizden tarafında doğu batı istikametinde uzanan, müstakil, dev bir dağ bloğu. Zap Suyu'nun altında bulunan yani güneyindeki dağın adı ise Gare Dağı. Bu dağ da doğu batı istikametinde uzanıyor ve çok yüksek. Kampın yer aldığı uzun dağ bloğu ile Gare Dağı arasında kalan koridorun adı ise Cehennemdere Kanyonu."

Kol komutanları, cep defterlerini çıkarıp taşın üzerindeki krokiyi resmetmeye çalışırken küçük notlar da almaya başlamışlardı.

"Şu sıralarda Zap kampında yüz kırk ila yüz elli PKK'lının olduğunu biliyoruz. Bir fazla bir eksik olsalar da bu durum yapacağımız taarruz planını etkilemez. PKK grupları Zap Suyu ile kuzeydeki dev dağ bloğunun arasında kalan ve duvarları bir kale kadar düz olan bu devasa dağın içindeki dört büyük mağarada yaşıyorlar. Dört mağara da yan yana. Aralarında en fazla yirmi ila otuz metre var. Ortada kalan iki mağara diğerlerinden çok büyük. Dağın içine doğru meydana getirdikleri galeriler de seksen yüz metre uzunluğa sahip, tavanlar çok yüksek. Sağda ve solda bulunan diğer iki mağara büyük mağaralarla kıyaslandığında daha küçük. Ama onların galeri uzunlukları da kırk elli metreden az değil. Dört mağaranın girişi de hem geniş hem de yüksek."

Yüzbaşı dinleyenlere sordu:

"Buraya kadar anlaşılmayan veya merak ettiğiniz bir husus var mı?"

Kimseden ses çıkmadı. Yüzbaşı devam etti.

"Muhtemelen ortadaki iki büyük mağarada, kırkar ellişer kişiden toplam seksen yüz PKK'lı; iki yanında bulunan mağaralarda ise yirmi otuzar kişi yaşıyor. Zap kampına iki bölgeden yaklaşılabiliriz. Biri batıdan, Baloka Köprüsü üzerinden, yüzümüzü Türkiye'ye döndüğümüzde, sol taraftan. Diğeri ise tam doğudan, Berçela üzerinden. Zap kampında kalanlar çok sıkışırlarsa hemen arkalarında bulunan Zap Suyu üzerine inşa ettikleri derme çatma köprüyle Gare Dağı'na geçip oradan da Irak'ın derinliklerine kaçabilir veya çekilebilirler. Biz Berçela üzerinden yaklaşacağız. Önce güneye yürüyeceğiz, sonra batıya dönüp Cehennemdere Kanyonu'na girerek dört mağaranın önünde tertipleneceğiz.

Bu işin gece yapılması baskını dala budağa sarar. Atışlar ne kadar isabetli, baskının şok etkisi ne derece yüksek olursa olsun, gece mağaralardan dışarıya sızanlar olacak ve çatışma onlarca saate sarkacaktır. Onlar yıllardır aynı yerde yaşıyor. Fare ve karınca deliklerini dahi biliyor, tanıyorlar; hangi kayanın arkası nasıldır, avuçlarından bile iyi tanıyorlar. Gece yaklaşıp tertipleneceğiz, gün ağarırken de onları mağaraların ağzında mıhlayacağız.

Şimdi, o bölge de karlı ama bizim buralarda gördüğümüz gibi değil. Türkiye'ye nazaran çöküntü bir bölge orası. Buna rağmen kış kıştır. Fark, daha az kar ve biraz daha yüksek ısı. Aklınızdan şu anda ne geçtiğini biliyorum. 'Nöbetçi veya gözcüleri var mı? Nerelerde?' diyorsunuz değil mi? Kışın mağaraların en tepesinde bulunan, bir tarağın dişlerine benzeyen zirveye gündüz üç kişilik bir gözetleme unsuru çıkartıyorlar. Hava kararınca da bunlar aşağı iniyor. Tuttukları gözetleme noktasında esas önemsedikleri yön kuzey istikameti, yani Çukurca tarafı. O nöbet noktası hava iyiyse dört bir yönü görme olanağı sağlıyor. PKK ne Berçala, ne Baloka ne de gerideki Gare istikametinden bir tehlike bekliyor. Çünkü buralar Irak derinliğinde ve onlar buralardan herhangi tehlike beklemiyorlar."

Yüzbaşı bir kez daha tekrarladı: "Sorusu olan!"

"Hücum planı hariç, her şey net komutanım," dedi Üsteğmen Metin.

Yüzbaşı, "Sıra onda," diyerek devam etti:

"Bir baskın veya pusuda, hedefle hedefe göz diken arasındaki denge şudur: Baskın yapan veya pusu kuran, kendisinden altı ila yedi misli hedefe tereddütsüz saldırabilir. Biz kaç kişiyiz? Benimle yirmi bir. PKK kaç kişi? Yüz kırk, yüz elli. Bu nispetten gidersek biz de yüz kırk yedi kişiyiz. Bizi yüz kırkların üzerine çıkaran, beklenmedik yer ve zamanda, şiddetle vurmaktır. Bunu, şaşırtma, panik ve şok destekleyecektir. Üstelik bizim kaç kişi olduğumuzu da asla öğrenmeyecekleri için moralleri altüst olacağı gibi yüreklerine de ölüm korkusu oturacaktır. Esas bir mesele var ki bu onlar için en korkuncu. Bugüne kadar ilk defa, uyandıklarında mağaralarının önünde Türk askerlerini görecekler. Daha önceki yıllarda hep sınırımızda yapılan büyük çaplı yığınaklardan günler önce haberleri oldu. Kalabalık taburlar sınırı geçince de adım adım kendilerine doğru yaklaşmalarını günlerce takip ederek çatışmalara girdiler. Hiçbir zaman üç yüz altmış derecede çembere alınmalarına fırsat vermeden çekip gittiler. Bunlar da bir tarafa, bu kampta günlerce süren çatışmalarda, bizim bir Skorsky ile bir süper kobramızı da düşürdüler. İşte, Kazan'da ele geçirdiğimiz hava savunma silahlarından biriyle."

Bu bölümdeki konuşma müfreze mensuplarını hem gururlandırdı hem de kötü giden işler konusunda canlarını sıktı. Kazan operasyonun ne kadar kıymetli olduğu şimdi bir kez daha anlaşılıyordu. Üstelik tereyağından kıl çekmekten bile kolay olmuştu.

Yüzbaşı konuşmasını sürdürüyordu:

"Baskının hücum tertibinde kolların ayrı ayrı hareketi olmayacak. Hedefe uygun bir düzen alacağız. Zap Suyu ile mağaraların arasında doğu batı istikametinde upuzun balıksırtı bir arazi uzanıyor. Buranın tatlı bir meyli var. İki makineli tüfek, tam büyük mağaraların karşısında yan yana mevziye girecek. Makineli tüfeklerin sağında ve solunda da birer keskin nişancı mevzi alacak. İki komando havanı da aynı yerde yan yana tertiplenerek hedefi görerek ateş açacak. Bu ateş gücünü Başçavuş Mustafa yönetecek, geri kalan tüfekli piyade komandoların yarısı en sağdaki küçük mağaranın, diğer yarısı da en soldaki küçük mağaranın karşısında siper alacaklar. İki roketatardan biri en sağdaki komandolarda, diğeri de en soldaki tüfekli piyade komandolarının yanında olacak. Mağara çıkışlarının yoğun ateşle baskı altına alınmasına müteakip Üsteğmen Metin büyük mağara kapısının yan duvarına, Teğmen Aykut ise ötekinin yan duvarına sıçrayarak mevzi alacak. İki küçük mağara civarına da Asteğmen Murat ile Asteğmen Tekin koşacak. Ben yanımda Üstçavuş Ömer'le birlikte gelişmelere göre hareket edeceğim. Mağaralara yanaşan arkadaşlarımızın yanında yeterince el bombası ve tahrip malzemesi bulunacak. Dehşet yaratmak için de subay ve astsubayların telsizleri açık olacak. Kopacak kıyamette sesle irtibat söz konusu olamayacağından haberleşmemize sürat sağlayacaktır. Bu gece ve yarın akşama kadar zamanımız var. Ama yarın gece sıkı bir cebri yürüyüş yapacağımızı anlamışsınızdır. Dilerim, geçen zaman içinde beklenmedik bir rahatsızlık ve ters giden bir şey olmaz. Aksi halde onu Türkiye'de bırakmak zorundayız. İşte çocuklar, durum da, vazife de budur. Evet, şimdi sorusu olan var mı?"

Epey bir sessizlik oldu. Biri bir şey soracak mı diye başlarını çevirip birbirlerine baktılar. Tam olmadığı anlaşılmışken, Asteğmen Tekin, "Çok doğru komutanım, pusu ve baskında nispetlerin kıymeti yok. Kendimiz de yaşayarak gördük. Karşı taraf felç oluyor adeta," dedi.

"Bir de halk diliyle söyleyeyim o zaman!" dedi yüzbaşı, "sürüye dalacak kartal, ne sürüdeki koyunların ne de onları koruyan çoban köpeklerinin sayısını düşünür."

Zaman zaman not alanlar, hemen bu sözü yazdılar.

Müfreze komutanı, "Şimdilik kolay gelsin," diyerek toplantıyı bitirdi. Sonra mağaranın çıkışına doğru yürürken seslendi:

"Sigara içenlerinizden biri, yakıp bir sigara getirsin bana."

Yüzbaşı verilen sigarayı alıp dışarı çıktı. Sağ taraftaki bir kayanın üzerindeki karları sağa sola atarak kalın eldivenlerini üzerine koyup oturdu. Havanın deliliği geçmiş görünüyordu ama gökyüzü yine de simsiyahtı. Büyük sorumluluk altındaydı fakat kendini huzurlu hissediyordu. Bir ara fark etti ki, soğuk ve rutubet yine sağ ayak baldırını gerip karıncalandırıyordu. Burası iki yarasından hafif olanın yeriydi. Sol omzundan girip çıkan mermi ise onu aylarca uğraştırmıştı. Eklem ve kasların onarılması ayları almış, sol kolunun eski haline gelebilmesi için uzun fizik tedavilerden geçmesi gerekmişti.

Plan pratik ve netti. En zeki ve en tecrübeli savaşçı bile, bir harekât planı yapsa binde bir de olsa bilinmezliklerle yüz yüze kalabilirdi.

Neredeyse hepsi, gece birkaç saatten fazla uyuyamadı. Birbirleriyle sohbet ettiler. Kuşluk vakti herkes kendini dışarı, açık havaya attı. Öğleye doğru, müfreze komutanın açıkladığı plana göre kimin, nerede, nasıl konuşlanacağını ve ne yapacağını konuşmuşlardı ve ferdi hazırlıklar neredeyse bitirilmişti.

11

Yer yer kurşuni bulutların kapladığı, sakin görünen bir gökyüzü vardı. Komandolar, mağara girişinin iki yanına dağılmış oturuyorlardı. Balabanlardan Burak biraz ileride bulunan Hasan'a seslendi:

"Sen bir şiir yazmış ve bana okumuştun. Eve göndereceğim diyordun. Gönderdin mi onu?"

"Hoppala üç bin metrede aşırı oksijen senin beyin damarlarını mı çatlattı oğlum! Nasıl göndereyim, mağaralarda postane mi var?"

"Canım öylesine dedim işte. Şunu bana da verir misin?"

"Defteri vereyim. Kendin bir tarafa yaz. Şiir öyle değil ama sen o zaman 'umutsuz bir romantik' diye düşünüp benimle kafa buluyordun değil mi? Ne oldu şimdi? Başıma bir şey gelirse diye mi ölümden sonrayı anlatan şiiri istiyorsun?"

"Sende amma uzatıyorsun be. Vermezsen verme. Lazım olabilir diye istiyorum. Benim de annem kaplan değil herhalde."

Hasan defteri çıkarıp Burak'a uzattı. Burak'ın yazmak için ceplerinde kalem aradığını görünce:

"Bir kalemin bile yok adamım. Bir erkek savaş alanında çabuk olgunlaşırmış. Bakıyorum bu, sende tam yerini buldu."

"Uzatma... Bir şiir verdin diye başımıza filozof kesilme."

"Bir kez iyice deli olan, sonra asla tam akıllı olamazmış, derler."

"Tamam işte, ben öyleyim. Kes sesini de şunu doğru dürüst yazayım."

Kalın eldivenle kalemi iyi tutamadığı için eldiveni çıkardı, ilk dörtlüğü yazmayı bitirince okumaya başladı:

"Mezarımın toprağı kuruyunca
Beni unutma ana,
Yabani otlar bürür üstünde,
Onlar kederinden gür olsun baba."

Teğmen Aykut, asteğmen Murat ile Başçavuş Mustafa yan yanaydılar.

Murat, "Vatanı son dağına, son köyüne ve en son kaya parçasına kadar, karış karış savunmaktan bizi hiçbir kuvvet men edemez ama bu sonu gelmez, yorucu mücadelenin artık dibine kibrit suyu sıkmanın zamanı geldi de geçiyor. Ömrü törpülüyor, rahat ve huzur yüzü göstermiyor, toplumda ümitsizlik yaratıyor. Tam ve açık bir hesaplaşma lazım!" dedi.

"İyi güzel de Asteğmenim niye bir türlü kesip atılamıyor? Biz en azından elimizden gelen her şeyi yapmak için debeleniyoruz."

"Niye mi olmuyor? Olmaz! Ortalık kürsü nutukçularından ve riyakârlardan, işbirlikçilerden, güçsüz ve dayanıksız lapacılardan; gerçeği görmeyen, sezemeyen, bilgisi düşük gabilerden, para karşılığı her şeyi satan löp beyinlilerden geçilmediği için olmaz! Ve en önemlisi hakkını arayıp hesap sormasını bilmeyen bir toplumla hiçbir şey olmaz. İnsanlar arasında akıl eksikliğinden başka hiçbir ortak yan yoktur. Bizim burada imanımız gevrerken, meydan boş kafalı, her şeyi bilir görünen allameden geçilmiyor. Kendisini çiğneyenleri çiçekle karşılayan kalabalıklara asla güvenmiyorum. Bana gelince, ölmez hayatta kalırsam terhis olduğum gün, tepeleri dumandan görünmeyen dağlar ve karlı yollara son bir kez bakıp, 'Hoşça kal umut!' diyecek ve başımı alıp gideceğim. Ve gene biliyorum, artık rahata alışamayız. Gamsız ve vurdumduymaz insanlar arasında ne yapacağım, onu da bilmiyorum."

"Tezkere bırak bizimle kal, Murat!"

"Ah teğmenim! Bilsem ki meselenin çözümü dağlarda, hiç tereddüt etmem. Bu dolabı çevirenler, dünyanın her yerinde at oynatıp söz sahibi olmak isteyenlerdir. Onlarla yüzleşmeden olmaz. İçerdeki yönetimler ise onların menfaat kovaladığı coğrafyalardaki hizmetkârlar... Aslında bu her çağda böyleydi."

Saatler geçmek bilmiyordu. Beklemek, sessizlik ve yanlarından hiç ayrılmayan yalnızlık, bu kez daha yoğun bir şekilde ruhlarına hâkimdi. Tek istekleri havanın bir an önce kararmasıydı.

Vadinin iki yanındaki ağaçları gözetleyerek karlı dallar arasında bir şeyi aramaya çalışıyormuş gibi görünen Ahmet Çavuş'un yanında yürüyen Komando Er Hüseyin, "Ahmet Çavuş sana bir şey sorabilir miyim?" diye sordu.

"Ne soracaksın? Ayağını yeniden sardık işte bir miktar morluk dışında başka bir şey görünmüyor."

"Yok onu değil, başka bir şey söyleyeceğim."

"De bakalım!"

"Eğer işler kötü gider de bana bir şey olursa babama görevimi elimden geldiği kadar yaptığımı, ölmesini de bildiğimi söyler misin?"

Ahmet Çavuş ellerini yukarı kaldırıp bağırdı:

"Ya Rabbim! Sen benim aklımı muhafaza et. Nerede kafadan kontak varsa beni buluyor. Oğlum ne ölmesi? Nereden çıkarıyorsun böyle saçma sapan şeyleri? Benim tepemi attırma şimdi, yumruğu suratına indiririm, anladın mı?"

"Niye olmasın? Her şey olabilir. Benim senden küçük bir ricam bu."

"Bana bak! Başlarım şimdi sana da ricana da. Nedir ulan benim senden çektiğim. Şu ayak işinde de az kalsın başımı yakacaktın. Yalan bile söylemek zorunda bıraktın beni. Şimdi bırak bu saçmalıkları da beni takip et."

"Neyi takip ediyorsun sen?"

"Bak şu sağ ilerdeki dördüncü ağacı görüyor musun?"

"Gördüm. Ne var?"

"En gerideki dalın üstünde kıpırdamandan duran bir şey gördün mü?"

"Evet."

"İşte o gündüz yırtıcılarından biri. Av peşinde."

"Ne var bunda?"

"O, bir av peşinde. Belli ki ardından çok koşturmuş ve kaybetmiş. Bir avın uzun süre peşine düştükten sonra, umudunun azaldığı bir anda av birden karşısına çıkacak."

"Nereden biliyorsun?"

"Sen ve senin gibilerin bu soruyu sormasına şaşırmam. Hayatın tüm alanlarında böyledir."

"Sen bu işlere çok kafa yormuşsun Ahmet Çavuş."

"Yormak için önce kafanın olması lazım. Kendi türünü tanımayı beceremeyen kişi hayvanların hayatını nasıl anlasın? Biz hayvanları hayvan diye nasıl değerlendiriyorsak onlar da bizi öyle değerlendiriyordur. Onlar bizim dilimizden anlamıyor, biz de onların dilini bilmiyoruz. Tüm canlıların en belalısı ve en kırılganı insandır. Her hayvan kendi gücünü bilir. Örümceğin örgüsüne, kırlangıcın bina yapmasına, kuğu ve bülbülün müziğine, estetik ve sanatına kimse ulaşamaz. Doğal eylemlerini, türlerine zarar veren davranışlarını gizleyen tek varlık insandır. Arsızlık sınırlarını aşınca da, artık dizginleri kalmaz."

"Çok şey anlattın çavuşum."

"Senin beynini ölümden uzaklaştırmak için bu bildiklerimi anlatıyorum. Anlamışsındır herhalde."

"Anlamaz olur muyum?"

"Çok şükür, o zaman!"

Önce, vadi karardı. Geçmeyen saatler bitti. Gece birden bastırdı. Müfreze yaydan fırlayan ok gibi hareket etti. Türk-Irak sınırını çabuk geçtiler. Derin vadilere iniyor, derelerden yükseklere çıkıyor, durmadan yürüyorlardı. Yol zaman zaman gayet dar ve tehlikeliydi. Ecel köprüsünden farksız yolda küçük bir ayak kaymasıyla metrelerce aşağıdaki kayalıklara düşmek işten bile değildi. Bir geçidi teker teker çok özenle geçmek zorunda kaldılar.

"Zap kampı" adını onlarca yıl içersinde sıradan bir vatandaş bile öğrenmişti. Müfreze komutanı bıçağı ile taşa krokisini çizmiş ve anlatmıştı. Ama görmek, bir an önce oraya ulaşıp görmek merakı, komandoların azim ve hırslarını kamçılıyordu. İlerlemelerindeki zorluk hiç bilmedikleri bir mihver ve güzergâhta bulunmalarından ileri geliyordu. Yoksa buralar geldikleri ve yaşadıkları yerlerden daha yumuşak bir coğrafi yapıya sahipti. Bastıkları zemin, bazı yerlerde karlı, bazı yerlerde de çamurluydu. Ay hiç görünmedi ama bulutların gerisinden ışığını olabildiğince yansıtıyordu.

Cehennemdere Kanyonu'na doğu ucundan girdiklerinde sabaha en fazla iki saat kalmıştı. Zap Suyu ve Gare Dağı'nı sollarına olarak batı istikametinde yürüyüşlerini sürdürdüler. Çöküntü bir alanda kaldıklarından mağaraların bulunduğu, kanyonun kuzeyini oluşturan dağ uzantılarının ancak yarısını görebiliyorlardı. Alacakaranlıkta görüntü ürkütücüydü. Bir müddet sonra sağ taraflarında kalan uzun sırtın kendilerine dönük yüzünde sıra sıra dizilmiş, yarısı kar dolu çukurlara rastladılar. Muntazam değillerdi ve bazılarının duvarları da çökmüştü. Kuzeye görüş olmadığına göre bu siperler, Irak'ın daha güneyinden, Gare yönünden olabilecek bir hareketi karşılamak için kazılmış olabilirdi. Bu mevzilerin biraz üzerine çıkılıp, altmış yetmiş metre ilerlendikten sonra, dört mağarayla karşı karşıya geliniyordu.

Müfreze komutanı, sağ taraflarında yer alan çukur hattının ortasına geldiğini düşündüğü bir yerde durdu. Subay ve astsubaylar hemen yanına geldiler. Yedi kişi neredeyse dirsek temasında olacak şekilde eğilerek sırtın üstüne tırmandılar. Düz alanı görür görmez de yere yattılar. Kanyonun bu defa yakından görünen yüzü; başı sonu belli olmayan, boydan boya kesme taşlardan meydana getirilmiş gibi görünen, uçsuz bucaksız bir yerdi, Çin Seddi'ne, sen de kimsin, dedirtecek ihtişamdaydı. Karın zemininden yansıyan parıltıları, kurşuniye çalan kayaların genel rengi içinde dört koyu siyahlık yaratıyordu. Ortalarında ise birbirine çok yakın iki insan kolaylıkla seçilebiliyordu.

Yedi kişi, gece görüşü ve çıplak gözle yirmi dakika kadar gözetleme yaptıktan sonra geldikleri hatta geri döndüler. Müfreze komutanı kısa birkaç emir verdi. Yerlerine dağıldılar ve beklemeye geçtiler.

Doğudaki yükseltilerden hava aydınlanmaya başlarken ustalıkla ve gizlice sırtın bittiği çizgiye yanaştılar. Nişangâhlar ayarlandı ve emniyetler açıldı.

Yüzbaşı merkezde bulunan iki makineli tüfek, iki keskin nişancı ve iki havanın yanındaydı. Herkes tetikte bekliyordu. Yüzleri birbirine dönük iki nöbetçi aralarında konuşuyor olmalıydı.

İki keskin nişancı da nefeslerini kesmiş gözleri yüzbaşıda bekliyorlardı. Müfreze komutanının sağ elini indirmesiyle iki şimşeğin namlu ucundan çıkıp kanyonu çınlatması bir oldu. İki PKK'lı oldukları yere yığıldı.

Meydan yeniden sessizliğe gömüldü. Ama sessizlik uzun sürmedi. Dört beş dakika geçti geçmedi, mağaralar bölgesinden ne dedikleri anlaşılamayan telaşlı ve garip sesler yükseldi. Dışarıya ilk çıkanlar yerde yatanları görünce bazıları bulunduğu yerde bazıları da içeriye girerek bağırmaya başladı.

Müfreze, donma ve pusma düzeninde beklemeyi, nefesleri kesilerek olup biteni gözetlemeyi sürdürüyordu. Kısa sürede dört mağaradan kendini dışarıya atanların sayısı elli ve altmış kişiyi buldu. Bir hedef tespit edemedikleri için müfrezenin mevzilendiği sırta doğru yürümeye, otomatik olarak da taramaya başladılar. Mağaradan çıkışlar ise devam ediyordu. En önde bulunanların mesafesi mevzilere kırk elli metre yaklaşmıştı.

Yüzbaşının, "Vurun!" sesi bütün telsizlerde çın çın öttü. Makineli tüfekler top gibi kükredi. Roketlerin kulakları sağır eden atışları, piyade tüfeklerinin kesintisiz otomatik ateşleri ortalığı kasıp kavurdu. Birkaç dakikada makineli tüfeklerin iki yüz ellilik şeritleri yarıya inmiş, tüfeklerin ikinci şarjörleri çoktan takılmıştı. Mağaralardan çıkmaya çalışanlar tekrar içeriye kaçtılar. Sabahın tok ve taze havasını barut ve kükürt kokusu doldurdu.

Telsizler, "Ateş kes!" talimatıyla cızırdadı.

Megafondaki ses dağın yüzünde yankılandı:

"Kuşatıldınız. Çembere alındınız. Teslim olun! Size yirmi dakika müsaade."

Barut dumanı dağılınca mağara girişleri daha iyi görünmeye başladı.

Müfreze telsizlerine bir konuşma takıldı.

"Çiyan Çiyan Çiyan, Herke!"

"Heval Herke!"

"Çiyan, kuşatılmışızdır. Vahimdir. Bin kişiden fazladırlar."

"Sen gece rüya görmüşsündür, herhal!"

"Gerçektir Çiyan. Çok vahimdir, demişemdir."

"Ha öyledir. Toprak altından mı gelmişler?"

"Bilmiyrem. Ama olmuştur, Çiyan."

Üsteğmen Metin araya girdi.

"Çiyan, bu Herke seni kandırıyor! Zap'ı TC ordusu on bin kişiyle çembere aldı. Sana yalan söylüyor."

"Sen çık aradan TC subayı. Doğrusunu öğreneyim."

"Sana söyledim Çiyan. Bu Herke yalancı."

"Doğru söylemiyor, Çiyan. Kandırmak isteyi seni."

"Nedir durum? Herke?"

"Kötüdür. Destek lazımdır."

"Destek mi? Kaç zaman? Kaç saatte erişebilir ki oraya?"

"Bilmiyrem ama çok kötüdür hal!"

"Bu kadar esker oraya gelmiştir de, siz necisinizdir? Kulaklar sağır, gözler kör müdür ki?"

"Anlaşılmamıştır... Olmuştur... Ama, budur."

"Boynunuz devrilsin. Toprak alsın başınızı. Ne haliniz varsa görün! Kurtulursanız halk mahkemesinde yargılanacaksınız."

"Çiyan, Çiyan, Çiyan, Herke! Cevap gelmiyir. Cevapsızdır."

İrtibat kesilmemişti. Çiyan, bu saçma muhabereyi uzatmak istemeyip hattan ayrılmıştı.

Verilen yirmi dakikalık süre dolmuştu. On dakika daha beklediler. Ortadaki iki büyük mağaranın sağda olanından tüfeksiz, elleri başları üzerinde ikisi kadın dokuz kişi çıkıp ileriye doğru yürümeye başladı. Yirmi otuz metre kadar ilerlemişlerdi ki, aynı mağaradan açılan yoğun bir ateşle, hepsi yaprak gibi yere düştü.

Megafon gürledi:

"İşte sizin insanlığınız bu kadar! Artık bizden günah gitti."

Müfreze komutanının talimatı telsizlerde yankılandı:

"Bombacılar yerlerinize! Bütün silahlar! Doğrudan hedefiniz mağaraların ağzıdır."

Mağara girişlerine ölüm yağmaya başladı. Makineli tüfekler ve roketatarlar gümbürtüyle mağaraların etrafındaki taşların, altını üstüne getirmeye başladı. Keskin nişancılar hedef arıyor, piyade tüfeklerinin mermileri doğrudan mağaralardan içeri giriyordu. Karşıda ne bir kimse görünüyor, ne de bir ateş yapılıyordu.

Üsteğmen Metin, Teğmen Aykut, Asteğmen Murat ve Asteğmen Tekin yay gibi yerlerinden fırlayıp hedeflerindeki mağaraların yan duvarlarına doğru koşmaya başladılar. Yolun henüz yarısına geldiklerinde, en sağda bulunan mağaranın üstünden ve istikameti tam da tahmin edilemeyen bir yerden, seri bir ateş açıldı. Teğmen Aykut yere yuvarlandı ve olduğu yerde kaldı.

Yüzbaşı bağırdı:

"Mustafa en sağdaki mağaranın üzerindekilere göz açtırmayın."

Makineli tüfekler, ulurcasına sağdaki mağaranın üzerini yalamaya başladı, yüzbaşı şimşek gibi fırlayıp teğmenin vurulduğu yere koştu. Onu sırtına aldığı gibi, üç dört hamlede mağaraların dibine taşıyıp ateş alanının dışına çıktı. Diğer üç subay, mağaraların duvarlarına ulaşıp tahrip kalıplarının son hazırlıklarını yaptılar. Çok geçmedi, üç mağaranın içi şiddetli ve yüksek bir deprem olmuş gibi sarsıldı, kaya ve taş parçaları mağaraların ağzından toz ve duman içinde dışarıya fırladı.

"Mustafa, tepedekilere göz açtırmasınlar. Sen, Ömer ve sağlık çavuşu yanıma gelin."

"İlk açılan ateşten sonra sağdaki mağaranın karşısında bulunanlardan da iki yaralı var."

"Durumları nasıl?"

"Biri ağır görünüyor."

"Bu yukarıda üç dört adam var sanıyorum. Sen ve Ömer, hemen yanıma gelin. Sağlık çavuşu orada kalsın."

Sağdaki mağaranın üstünden ateş edenler şimdi biraz daha sola doğru çıkmışlar, oradan ateş etmeye çalışıyorlardı ama baskı altında olduklarından ateşleri tesir etmiyordu.

İki astsubay yüzbaşının yanına ulaştığında emirlerini yağdırdı:

"Ömer sen benimle gel. Mustafa, teğmenin durumu da pek iyi görünmüyor. Teğmeni götür olabilecek şeyleri yap. Bu adamları mutlaka susturmalıyız. Aksi halde iş uzar gider ve bizim için sıkıntı artar. Dördüncü mağaranın bir tarafından kesinlikle dışarı çıkılan bir yer var. Hadi Ömer!"

Yüzbaşı arkasında Üstçavuş Ömer'la sağdaki mağaranın önünden geçip yukarı tırmanmak için uygun bir yer aramaya başladı.

Teğmen Aykut, hızla koşarken bacağına kuvvetlice bir sopayla vurulmuş gibi bir acı duymuş, hemen sonra da botunun içinde ılık ılık bir şeyler hissetmişti. Mermi sağ bacağının baldırını delip geçmişti. Sağ omuz üzerini de bir mermi yalamıştı. Kollarında ve bacaklarında bir ağırlık vardı ve sağ ayağının parmaklarında can yoktu.

Diğer iki yaralı, sağdaki mağaranın karşısında bulunan tüfekli komandolardan, Hasan ve Necip'ti. Sağlık Çavuşu Ahmet de aynı mevzilerde olduğundan hemen onlara müdahale etti. Hasan'ın durumu ağırdı. Ahmet Çavuş elinden geleni kan ter içinde yapmaya çalışıyordu. Hasan, hırıltılar çıkarıyor, bütün bedeni geriliyor, soluk alması güçleşip ağırlaşıyordu. Aralıklarla soluyor, sonra birden çok derin ve iniltili bir soluk daha alıyordu, gözleri bir açılıp bir kapanıyordu. Mermi alt çene kemiğini paramparça etmişti. Yara korkunç görünüyordu. Hasan bir şeyler anlatmak istercesine gözlerini iri iri açtı ve kapattı. Bir daha da hiç açmadı. Hakk'ın rahmetine kavuşmuştu.

Necip'in yaraları ise sol el ve sağ ayağındaydı. Sol elini mermi delip geçmiş, kemiğe herhangi bir zarar vermemişti, sol ayağındaki kurşun ise içerdeydi. Ahmet Çavuş daha tehlikeli gördüğü sol ayaktaki kanamayı durdurmaya gayret ediyordu.

Müfreze komutanı ve hemen arkasındaki Üstçavuş Ömer, canhıraş bir şekilde sağdaki mağaranın üzerindeki kayalıklara tırmanıyorlardı. Birden karşılarına yarı gövdesini yukarıda görünen elleriyle yukarı çekmeye çalışan biri çıktı. Yüzbaşı tetiğe basınca tüfeğin şarjöründeki mermilerin yarısı adamın göğsüne gömüldü ve kayboldu.

İkisi birden vurulan adamın gözden kaybolduğu noktaya koştular. Bir insan gövdesi genişliğinde, kuyu ağzı gibi bir açıklık gördüler. Yan tarafta da onu kapatan büyük bir taş parçası vardı.

Yüzbaşı, "PKK'lıların mağaranın çıkışından başka böyle bir tahliye yeri kullandıkları anlaşıyor. Bizim mevzilerden de görünmüyor doğal olarak. Ateş edenler de bunlar. Sayıları çok olamaz ama içlerinde bir keskin nişancı olmadan da bu kadar isabetli atış yapamazlardı," dedi.

Ömer konuşmaları başını sallayarak onaylıyordu. Yüzbaşı, Teğmen Aykut'un taşıdığı tahrip kalıplarını yanına almıştı. Tahrip demetini kontrol ederek fitili tutuşturdu, biraz bekleyip delikten aşağı gönderdi. Gürlemeyle birlikte yüzbaşı ve üstçavuşun bulunduğu bölge de sallandı. Sonra, "Demek sizin iki tahrip kalıbı nasibiniz varmış," dedi. Tırmanırken Üsteğmen Metin'i aradı:

"Aykut'un hedefi olan mağaraya atılacak başka bir tahrip kalıbı getirin ve uygulayın."

"Hazırız zaten. Bir dakika sonra."

Bir dakika da geçmedi, yer ve kanyonun içi yeniden gümbürdeyerek sarsıldı.

Yüzbaşı:

"Aferin."

"Sağ olun."

"Tepeye tırmanıyoruz. Onlar da tırmanıyorlar anlaşılan. Bir fırsat bulurlarsa aşağıya ateş edecekler kesin."

"Anlaşıldı, tamam!"

Tırmandıkça dağın yüzeyi, testere gibi kayalıklar ve kokurdan gibi bir yapı gösteriyordu. Yüzbaşı Tayfun ile Üstçavuş Ömer, sağa kuzeye doğru kavis atarak tırmanıyordu. Çıkışta PKK'lılar yukarıda, kendileri ise aşağıda kaldığı takdirde sıkıntı büyür ve pusuya düşülebilirdi. PKK'lılar ateş etmedikleri için şimdi yerlerini kestirmek de mümkün değildi.

Neredeyse bir saat olmuştu. Müfreze komutanı kavis atarak ilerlemeyi bırakıp güneye, Cehennemdere Kanyonu'nun görülebildiği hatta doğru yaklaşmaya başladı.

Kısa bir ilerlemeden sonra önlerine perde gibi yirmi otuz metre uzunluğunda kayalık bir duvar çıktı.

Yüzbaşı duvarın sağına yanaşırken üstçavuşa, "Sola geç," işareti verdi. İkisi de yılan gibi sessizce ileriye, duvarın kenarına yaklaştılar. Kırk metre önlerinde arkaları kendilerine dönük dört PKK'lı vardı. Gizlenmeye ve görünmemeye çalışarak aşağıya ateş etmek için uygun hedefler aramakla meşguldüler.

Müfreze komutanı ve üstçavuş ateş etmeye hazır tüfekleri kalçalarına dayalı bir vaziyette kayanın yanlarından çıkıp PKK'lılara doğru sessizce yürümeye başladılar.

Müfreze komutanı, "Yaptıklarınız yanınıza mı kalacak sandınız?" diye gürleyince dördü de yalap şalap geriye döndü. Dönmeleriyle de iki tüfek üzerlerine mermi kustu. Üstçavuş Ömer'e yakın olan PKK'lı yere düşmeden parmağını

227

Kalaşnikof'un tetiğine değdirmesiyle birkaç mermi patlayınca kendisini gayriihtiyari sola doğru atan Ömer, yandaki boşluğa yuvarlandı. Başı kayaya çarptı ve yarıldı, sol diz kapağı ve birkaç yeri taşlara çarparak zedelendi.

Müfreze komutanı koştu ve altı yedi metre derinlikteki çukurun dibinde kalkmaya çalışan Ömer'e, "Vuruldun mu yoksa?" diye seslendi.

"Yok komutanım, bir terslik oldu."

"Sana yardıma geliyorum."

"Hayır, ben çıkabilirim. Başım zonkluyor o kadar."

"Hadi gel bakalım."

Ömer çukurun kenarına geldiğinde yüzbaşı bir hamlede onu yukarı aldı.

Aşağı indiklerinde Ahmet Çavuş, Üstçavuş Ömer'in başındaki yaraya da müdahale etti. Yarık oldukça derindi. Bir film çekilmeliydi. Yarayı temizleyip sardı.

Müfreze komutanı, doğrudan Hasan'ın yanına gitti. Üzerine bayrak örtmüşlerdi. Bayrağı kaldırıp yüzünü açtı. Ceketinin kapatılmış olan üst düğmelerini açıp koynuna takılı olan künyesine uzun uzun baktı. Sanki hafızasına bir şeyi nakşetmek ister gibiydi. Yüzü hiç alışık olmadıkları kadar gerildi ve tunç halini aldı. Diğer iki yaralıyı da kontrol ettikten sonra Üsteğmen Metin'e:

"Müfrezeyi toplayın. Destek isteyeceğim. Havadan döneceğiz," dedi.

Radyo frekansına girip, "Zap kampı temizlendi. Havadan acil dönüş uygundur," mesajını gönderdi.

Cevap gecikmedi:

"Zap kampı temiz. Yanlış anlaşılmadı değil mi?"

"Doğrudur... Zap temiz... Yer güvenliği tamam..."

"Alındı. Anlaşıldı. Hemen."

Bir saati geçmedi, iki Karaşahin Cehennemdere Kanyonu'na indi. Hasan'ı ve yaralıları özenle helikopterin içine yerleştirdiler. Birkaçı da onların yanına bindi. Diğerleri öbür helikoptere geçtiler. Havalanan helikopterler önce kanyonun, onların da giriş yaptığı doğusuna doğru uçtular, kuzeye dönerek bir müddet gittikten sonra da Türk topraklarına girdiler. Kar denizi halindeki Han Yaylası ile dev çöküntü Oramar alanı ve onu çevreleyen, dorukları karlı ve duman kaplı dağlar uzun süre altlarında kaldı.

Ana üsse dönünce rahmetli Hasan'ın bedeni morga konuldu. Yaralı Teğmen Aykut, Üstçavuş Ömer ve İrfan askeri hastaneye yatırıldı.

Ertesi gün Hasan üste yapılan mütevazı bir törenle, refakatinde Uzman Çavuş Ziya olduğu halde, helikopterle havaalanına, oradan da uçakla memleketine gönderildi.

Müfreze komutanı, Hasan'ın ailesine özel bir mektup yazdı ve onun şiirini de aynı zarfa koyarak Uzman Çavuş Ziya'ya teslim etti.

Yaralılar kısa bir sürede iyileşti ama gene de hemen hizmet yapabilecek durumda olmadıklarından, çeşitli sürelerle hava değişimine gönderildiler.

Müfrezede görev alan komando erlerin bazıları da birkaç ay sonra terhis olarak memleketlerine döndü.

~◦◦~

Ahmet Çavuş terhisinden sonra gene sağlık hizmetine girdi. Bir türlü hafif sivil giysilere alışamıyordu. Sanki üzerinde bir şey yokmuş gibi geliyordu ona. Baharın güneşli ve ılık günlerinden birinde çalıştığı beldenin kahvehanesine gitti. İnsanların bir kısmı, üstü üzüm asmasıyla kapalı açık alandaki masalarda dereden tepeden konuşuyor, içerdeki iki üç masanın etrafında oturanlar ise kâğıt oynuyordu.

"Selamünaleyküm" diyerek dışarıda oturanları selamladı, Ahmet Çavuş. Sonra da bir sandalye çekerek masalardan birinin kenarına yanaştı. Oturanlar da selam verdiler.

İçlerinden biri, "Anlat bakalım, Ahmet efendi. Yediğin içtiğin senin olsun. Ne gördün? Nereleri gezdin güneydoğuda? En son gelen sensin!" diye sordu.

Adamın, sanki gezmeye veya balayına çıkanlara soru soruyormuşçasına konuşması Ahmet'in tepesini attırdı, Ahmet yutkunarak cevapladı:

"Sorma! Yattık aşağı. Dağlar, ormanlar, turistik tesisler, kayak merkezleri voli. Hangisini anlatayım be birader. Ekmek elden su gölden. Yedik, içtik, yattık, bir türlü doyamadık. Her kula nasip olmuyor tabii."

Ayakta masadakileri dinleyen bir oğlan, "Ben de yeni terhis oldum," dedi.

Ahmet sordu:

"Sen nerede yaptın askerliğini?"

"Ben mi? Batıda, sahili de olan bir sosyal tesisteydim."

"Çok zahmet çekmişsindir muhakkak!"

"Askerde olup da zahmet çekilmez mi? Sosyal tesislerde, bulaşık yıka, ütü yap, servis aç, servis kapat, iş bitmiyor ki. Tonlarca iş var. Biz neredeyse hiç üniforma giymedik. Sadece dışardaki bahçe ve kapı nöbetlerinde resmi kıyafetle bulunma zorunluluğu vardı. Şu, gece bir-üç nöbetleri yok mu! İnsanı ifrit ediyor. Tam kan uykusundayken biri gelip, "Kalk nöbetin var demez mi! Ölür müsün, öldürür müsün?"

Ahmet pürheyecan konuşan oğlanın yüzüne acıyarak baktı. Fark etti ki, masadakiler de bu çocuğu, çok kıymetli bir şey anlatıyormuş gibi dinliyordu.

Kapalı olan bölümde, sesi sonuna kadar açık olan televizyon, kısa kısa haberler veriyordu. Ciddi sayılabilecek konular geçerken hiç kimse kulak asmazken, magazin tarzı bir haber çıkınca hepsinin dikkati o konuya toplandı ve başladılar aralarında konuşmaya. Arkadan hükümetin, AB teşvikiyle ekilmeyen arazilere verdiği, 'Üretmeden yaşayın,' konusu geldi! Kendi aralarında ballandıra ballandıra bunun yorumlarını yaptılar.

Ahmet daha fazla dayanamadı, ayağa kalktı ve yanlarından ayrıldı.

Arkasından seslendiler:

"Yeni demlenmiş çay geliyor, içip de gideydin bari."

Dönüp cevap vermeye bile lüzum görmedi.

Burak da, Ahmet'le aynı tertip olduğu için onunla birlikte tezkere almıştı. Henüz bir işe girmiş değildi. Büyük bir alışveriş merkezinde dolaşırken vitrinde gördüğü bir radyoyu yakından görmek ve incelemek için içeriye girdiğinde deneme için çalışan başka bir radyo çalıyordu:

Yol verin geçeyim
Dumanlı dağlar
Dağların da ardında...

Hemen kendini dışarı attı.

Birkaç saat önce başlayan bahar yağmuru şiddetini daha da artırmış, cadde sanki bir dereye dönmüştü. Bazı araçlar zorla yol alıyor, bazıları ise yol kenarına park ederek yağmurun şiddetinin geçmesini bekliyorlardı. Şemsiyeliler dahi, bir çatı altına sığınmışlardı, ortalıkta görünen kimse kalmamıştı. Bir kişi hariç: Burak.

Suya bastırılmış ve çıkarılmış bir insandan farksızdı. Uzamış saçlarının uçlarından dökülen sular, yüzünden aşağı süzülüyordu. Ayakkabılarının içine dolan sulardan ayakları vıcık vıcık olmuştu.

Şimdi içi tıka basa dolu, üstü kapalı bir otobüs durağının önünden geçiyordu. Onun hiçbir şeyi umursamadığını görenler, bu derece pervasızlığa şaşırıp kaldılar. Yanlarından geçerken bir teyze dayanamadı:

"Evladım, bu havada yürünür mü? Gel buraya. Deli misin çocuğum? Hasta olacaksın."

Bu sözler Burak'ı güldürdü. Temposunu bozmadan yürüyüşüne devam ederken mırıldandı:

"Teyze, sen deli görmemişsin. İyi ki delileriniz var. Ya onlar da olmasaydı?"